그냥, 오늘을 살 거야

밤토끼 · 낮토끼 지음

마음대로

먼저 읽은 사람들

햇살이 아빠

밤토끼 남편입니다. 사실 저는 글쓰기, 책읽기와 친하지 않아요. 밤토끼가 글을 썼다길래 읽어봤는데, 작고 큰 일들이 그 안에 다 적혀있더라구요. 물론 제가 무심코 말해버린 말도 있구요. 가볍게 읽었는데 저도 모르게 '그렇지! 그렇군!' 연신 고개를 끄덕이게 되었어요. 밤토끼를 안지 10년이 넘어 밤토끼의 마음을 다 안다 자부했는데 아니더라구요. 밤토끼가 담담히 써내려간 글과 낮토끼의 따뜻한 말. 다른 사람들이 이 책을 읽더라도 공감할 수 있는 부분이 많다고 생각해요. 밤토끼와 낮토끼만의 일이 아니고 나, 우리의 일이기도 하잖아요. 앞으로 인생에서 옆에 있는 사람을 진심으로 사랑하고 싶다면 이 책을 펼쳐보면 좋겠어요. 힘들고 고된 삶을 살고 있는 모든 분들께 이 책이 위로가 되면 좋겠어요.

직장인 백명희

밤토끼와 낮토끼의 대화? 밝은 토끼를 상상하며 읽었지만, 드라마보다 더한 인생을 버텨내고 있는 밤토끼의 아픔을 보며, 그 아픔이 너무 깊고 슬퍼서 그게 나의 슬픔이 될 것만 같은 두려움에 책장을 천천히 넘길 수밖에 없었다. 책 읽는 동안 전해지는 슬픔과 안타까움은 때로는 한숨으로 때로는 눈물로 나타나기도 했다.

힘겹게 책장을 넘기던 어느 순간 밤토끼가 슬픔을 견뎌내는 과정이 정적인 '멈춤'이 아니라 아주 조금씩 나아가는 '제자리걸음'을 하고 있다는 생각이 들었다. 나 스스로 괜찮다 위로하기도 하고, 자연을 보면서 치유하려고 하고, 내 마음대로 저질러보는 행동에 묘한 해방감을 얻기도 하고, 그러면서 밤토끼는 수동적으로 버텨내는 게 아니라 적극적으로 살아내고 있었다.

그 순간 알게 되었다. 낮토끼의 말처럼 책 속의 밤토끼는 또 다른 나임을. 나 역시 인생사의 다양한 슬픔을 다양한 방식으로 견뎌내고 있었다. 다만 내가 열심히 견뎌내고 있다는 것을 몰랐을 뿐이다. 밤토끼처럼! 무기력하게 가만히 있지 않고 무엇이라도 하는 살아내는 과정, 그렇게 살아내려고 노력하고 있는 모습을 재정의해주고 지지해주는 낮토끼 덕분에 밤토끼도(나도!) 알게 된 것이다. 그 순간 '제자리걸음'이라 느껴졌던 움직임은 앞으로 나아가며 주위를 보는 산책이 되었다.

이 책은 수많은 밤토끼를 공감하는 책이 아니라, 오늘도 자신의 삶을 살아내는 밤토끼들을 지지하고 응원하는 책이다. 우리 모두 오늘 하루를 살아내기 위해 얼마나 애쓰는지 모르는 밤토끼들에게 '이미 충분하다'고 낮토끼는 말해준다. 결국 한 사람의 고백으로 이렇게 위로와 힘을 얻을 수 있는 건 낮토끼의 애정 어린 관심과 시선 덕분이다. 판단하지 않고 온전히 사랑하는 마음으로 봐주는 시선, 그 시선이 오늘 나에게도 또 다른 밤토끼에게도 향하기를 소원한다. 무엇보다 그런 시선이 필요하고 나눌 수 있는 사람들과 이 책을 나누고 싶다.

청년 한승희

쓰다 지우지 않은, 멋진 말들로 각색되지 않은, 솔직한 감정들이 나열된 밤토끼의 이야기는 나의 삶과 그 속에서 느끼는 것들과도 분명 닮아있는 듯했다. 때로는 담담하게, 때로는 격정적으로 써진 문장들을 읽어 내려가며 나는 한 번도 만나본 적 없는 낮토끼의 이야기에 귀를 기울이게 되었다. 그러다 나는 내 이야기도 털어놓고 싶어졌다. 누구에게도 내보일 수 없었던 속마음을 털어놓고 싶어 편지를 쓰기 시작한 안네 프랑크처럼 글을 쓰고 싶어졌다. 한참을 말없이 참아 보며 어떻게든 끌어안고 있던 마음을 누군가에게 내뱉고 조금은 감정이 해소된 것 같던 어느 날을 떠올려 본다. 누군가에게 혹은 나 스스로에게 밤토끼이자 낮토끼가 되어 깊은 속내를 나누기를 바라며.

목사 최정현

'사람은 가도 사랑은 남는다'라는 말이 있습니다. 사랑하는 엄마를 떠나보내고, 셀 수 없는 고통의 시간을 보내고 있지만 그 고통의 기억이 사랑으로 승화되어 밤토끼를 살아가게 하는 힘이 되었음을 글을 읽어가는 동안 마음에 전달되었습니다. 밤토끼와 낮토끼가 주고받은 글을 읽으면서 전체적인 느낌은 이것이었습니다. '솔직함이 위로이고, 솔직함이 치료이고, 솔직함이 회복이다' 가랑비에 옷 젖는다고 솔직하게 글을 주고받을수록 밤토끼의 마음의 정원은 점점 넓어져 갔고, 자신의 어두운 면을 솔직하게 나눔으로 치료받고, 회복되어가고 있었습니다.

성경에 보면 이런 글이 있습니다. '기뻐하는 사람들과 함께 기뻐하고, 우는 사람들과 함께 우십시오' 낮토끼는 밤토끼와 함께 웃고, 함께 울어주는 키다리 아저씨와 같았습니다. 이것은 단순히 '공감'이라는 단어로 표현하기에는 너무 부족해 보입니다. 그래서 저는 이 마음을 'Compassion'이라고 표현하고 싶습니다. 이 단어는 라틴어 Com(함께)과 pati(고통을 참다)의 의미입니다. 함께 고통을 견뎌주고, 참아주며, 솔직하게 주고받은 글을 통해 밤토끼는 자신도 모르게 회복으로 걸어가고 있습니다. 책에서 이 문구가 참 마음에 와닿았습니다. '밤토끼 글의 색깔이 바뀌고 있어요. 전 그 이유가 엄마에 대한 이해의 깊이가 달라졌기 때문이라 생각해요' 낮토끼가 밤토끼를 향해 이 말을 하기까지 오고 갔던 사랑의 나눔들이 결국엔 회복의 열매로 결실하고 있음을 깨닫게 합니다.

무엇보다 밤토끼에게 햇살이가 선물처럼 찾아온 것이 글을 읽으면서 감동과 감격과 감사가 넘치는 순간이었습니다. 햇살이를 통해서 밤토끼는 사랑이 불일 듯 일어났기 때문입니다. 사랑은 죽음보다 강력하고, 사랑은 타오르는 불길과 같고, 아무도 끄지 못하는 거센 불과 같아서 모든 아픔과 슬픔을 삼키고도 남는다는 것을 밤토끼의 글을 통해 깨닫게 됩니다. 이후에 파트2가 나오게 된다면 햇살이와 함께하면서 삶에 어떤 변화가 일어났는지 내용이 궁금할 정도입니다. 부디 밤토끼가 마음 농사 잘 짓고, 행복한 마음 농부가 되어 누군가의 젖은 마음을 말려주는 강렬한 태양 같은 사람이 되길 응원해봅니다.

차례

prologue
엄마를 보내고 엄마가 된 밤토끼 　　　　　　*014*

밤토끼 낮토끼 첫 편지 　　　　　　　　　　*021*

1장
엄마가 떠났다

생과 사를 가르는 줄넘기 　　　　　　　　　*030*
엄마의 마지막 속옷 빨래 　　　　　　　　　*037*
생일에 떠난 엄마 　　　　　　　　　　　　*043*
엄마의 못다 한 잡화점 　　　　　　　　　　*048*
엄마를 닮은 이모 　　　　　　　　　　　　*057*
엄마 눈동자의 붉은 노을 　　　　　　　　　*068*
말했으면 못 버텼을 거야 　　　　　　　　　*080*

2장
살아야 했다

나그네야 곧 떠날 거야	090
실컷 행복할 거야	094
어디론가 떠나고 싶어요	098
상상, 살아가는 힘	101
붉은 노을과 닮은 엄마	109
마음 가는 곳에 머물기	113
밤토끼가 글 쓰는 곳	115
남편에게 말했어요	117

3장
일상을 견딘다

감정 방학	*128*
마음의 응어리 풀기	*132*
마음의 비상벨	*136*
누구나 그렇게 산다	*140*
죽을 것 같다 꾸역꾸역 참아낸다	*143*
행복해질 거야 행복해지고 말 거야	*146*
살고 싶은데 죽고 싶고, 죽고 싶은데 살고 싶다	*153*
내 마음대로 할 거야	*160*

4장
엄마가 되었다

선물처럼 아기가 생겼어요	*170*
배 속에서 아픈 아이	*173*
이제 엄마를 보내드렸어요	*180*
제자리걸음	*186*
미리 안 겪어본 일로 아프지 말자	*190*
사랑을 얻었으니 무엇이든지	*193*
그랬으면 좋겠다	*197*
일보후퇴	*200*

5장
오늘을 산다

햇살이를 기다려요	*208*
아기를 지켜주세요	*212*
햇살을 수호하는 밤토끼	*219*
운명의 카드	*222*
미래의 햇살이에게	*225*

epilogue
지금 이곳에서   *230*

엄마를 보내고
엄마가 된 밤토끼

prologue

밤토끼를 처음 만난 건 2012년쯤으로 기억합니다. 계절도 정확하지는 않습니다. 꽃 피었던 봄 정도로만 기억합니다. 처음 만난 때는 기억이 가물가물하지만, 밤토끼의 처음 모습은 선명합니다. 가까이서 보면 실핏줄이 보일 정도로 하얀 피부에 무엇보다 눈이 맑은 친구였습니다. 피부도 눈도 속마음도 숨길 수 없는 아이처럼 보였습니다. 이유는 모르겠지만 아이 같은 밤토끼는 제게 처음부터 마음을 많이 열어 주었습니다. 저는 가족도, 상담가도 그럴만한 사람도 아닌데 말입니다. 그렇게 만남이 시작되었고 강산도 변한다는 10년을 넘기게 되었습니다. 10년 동안 참 많은 말을 나눴습니다. 말이 쌓이면서 말에 담긴 감정도 차올라서 돌아보니 작은 동산이 되었습니다. 10년이면 강산이 변한다는 데 우리에게는 감정의 작은 동산이 생겼습니다.

우린 감정의 동산에서 날것의 많은 것을 나눴습니다. 감정의 동산은 많은 것을 품어 주었습니다. 아픔이 담긴 말도 농담으로 희석되었고, 어떤 날은 농담이 눈물이 되어 용량 초과의 감정을 비워냈습니다. 그곳에서는 토끼처럼 마음껏 노닐었습니다. 그러다가 밤토끼가 취직하고 결혼하면서 자연스럽게 만날 기회가 줄었고 감정의 동산도 추억이 되었습니다.

그런데 감정의 동산은 해피엔딩이 아니었습니다. 어느 날 갑자기 감정의 동산이 활화산이 되어 버렸습니다. 사실 갑자기는 아닙니다. 오래전부터 깊은 곳에서 마그마가 용솟음치고 있었는데, 그런 줄도 모르고 꽃을 심고 잔디를 깔아서 동산인 줄 알았습니다. 동산이 화산으로 바뀌자 감정이 폭발했습니다. 폭발한 감정은 우울이 되었고 우울이 자라서 불안과 공황과 죽고 싶은 최악의 상태로 내달렸습니다.

우린 다시 만났습니다. 카페 테라로사에서 만난 밤토끼는 더 이상 아이가 아니었습니다. 고된 삶에 지친 직장인의 몰골에 해결되지 않은 감정으로 힘든 현대인의 얼굴이 포개졌습니다. 그래도 지난 추억의 힘이 잠깐의 여유 공간을 만들어 주었습니다. 숨 막힌 밤토끼가 잠시나마 숨을 쉬는 듯했습니다. 마음 같아서는 매일 같이 이런 시간을 가지고 싶었지만 사는 곳과 직장이 멀어서 직접 만나기가 어려웠습니다. 그래서 궁여지책으로 생각한 게 글이었습니다. 구글에 공유폴더를 만들어서 글로 이야기하자고 작당했습니다. 둘 다 토끼띠여서 폴더 이름을 낮토끼밤토끼로 저장했습니다. 밤토끼와 낮토끼의 시작입니다. 밤토끼가 먼저 글을 올리면 낮토끼가 답장을 썼습니다. 어떤 형식을 생각하고 시작한 것은 아닌데 자연스럽게 그렇게 되었습니다. 형식은 없었지만, 원칙 하나는 정했습니다. 솔직하게!

쓰고 지우지 말고, 멋진 말로 각색하지 말고, 있는 그대로의 감정을 기록하기로 그것 하나만 약속했습니다. 어떤 때는 한 주에도 몇 편의 글이 오가고, 글 하나가 오가는데 반년이 걸릴 때도 있었습니다. 시간과 형식에 구애받지 않고 약속을 지켰습니다. 최대한 감정에 솔직해 지려고 힘썼습니다. 날것의 감정이 너무 클 때는 한 줄이 책 한 권처럼 읽는 데 오랜 시간이 걸렸습니다. 한 문장에도 이렇게 많은 감정이 담길 수 있을지 이전에는 몰랐습니다. 한 글자가 눈물 한 방울이 되는 경험이 여러 번이었습니다. 그런 날것의 시간이 글이 되어 책으로 나오게 되었습니다.

오래된 유물을 그대로 보존하듯이 최대한 날것의 감정을 책에도 담으려 했습니다. 최소한의 교정 교열만 하고 최대한 처음 작성한 그대로 책에 옮겼습니다. 순서와 내용도 처음에 기록한 순서대로입니다.

최대한 편집을 자제하고 다큐멘터리처럼 시간을 그대로 옮겼습니다. 그래서 때로는 앞뒤의 문맥이 맞지 않고 내용의 두서가 없는 단락도 있습니다. 구어체와 문어체가 섞이기도 합니다. 날것을 보전하기 위한 대가로 생각해 주시면 좋겠습니다.

자본주의 최정점인 한국입니다. 세계 최빈국에서 UN에서 공식적으로 발표한 선진국으로 도약한 나라입니다. 세계사에 없을 단기간에 가장 빠르고 높은 도약을 한 나라입니다. 그러나 모든 것에는 빛과 그림자가 있는 법입니다. 갈수록 그림자가 짙어 갑니다. 세계 최고 수준의 노인빈곤율과 자살률과 같은 수치가 아니어도 주위 사람들의 표정만 봐도 어렵지 않게 그림자를 봅니다. 아프면 병원에 가야 하지만 그것만으로 병이 낫는 건 아닙니다. 전문가의 정확한 정보가 필요하지만, 그것만으로는 부족합니다. 왜냐면 우리는 병원에 살면서 전문가만 볼 수는 없기 때문입니다. 우리는 일상에서 우리와 같은 사람과 부대끼며 살아갑니다. 그래서 우리에게는 밤토끼와 낮토끼가 필요합니다.

하루의 피곤을 나눌 친구가 필요합니다. 직장 상사의 험담에 맞장구를 쳐줄 사람이 있어야 합니다. 깊은 슬픔을 토로할 짝꿍이 있어야 합니다. 그래야 삽니다. 그런 뜻에서 우리는 모두 밤토끼이자 누군가의 낮토끼입니다. 밤토끼에게는 20살에 돌아가신 엄마가 오랜 시간의 그림자였다면 우리에게도 각자의 그림자가 있습니다. 그림자는 외로움, 우울과 아픔과 공허함이 되어 시시각각 찾아옵니다. 어떤 때는 너무너무 행복한 순간에도 갑작스럽게 방문합니다. 해가 밝을수록 그림자도 짙은 법입니다.

환경과 사람이 내 마음대로 바뀐다면 좋겠지만 현실은 그렇지 못합니다. 그래도 바꿔야 한다면 시작은 내 마음부터입니다. 아니 그나마 내가 바꿀 수 있는 건 내 마음뿐입니다. 그렇다고 에베레스트산을 오를 초인적인 의지를 요구하지는 않습니다. 긴 침묵의 명상과 자기 수양의 훈련을 말하는 것은 더더욱 아닙니다. 솔직하게 말하고 듣고가 전부입니다. 내용보다 더 중요한 것은 누구와 그것을 하느냐입니다. 그 사람은 나와 같이 지금을 살아가는 부족한 사람이어야 합니다. 해답을 얻지 못해도 됩니다. 매번 반복되는 투정이 되어도 괜찮습니다. 솔직한 말은 강합니다.

바위에 달걀 치기라는 말이 있습니다. 오랫동안 아픔으로 굳어진 마음이 바위라면 솔직한 말은 달걀입니다. 아무리 던져도 바위는 꿈쩍없습니다. 꿈쩍없을 것을 알기에 던지는 것조차 포기합니다. 그래도 던져야 합니다. 왜냐면 가만히 있지 않고 달걀을 던지는 행동이 삶을

지속하게 만들기 때문입니다. 던지지 않는 게 현명해 보이지만 그런 시간이 오래되면 병원에 오랜 시간 입원하여 힘을 잃은 근육처럼 아무것도 하지 못하게 됩니다. 내 뜻대로 아무것도 하지 못하는 게 죽음입니다. 우리는 살아야 합니다. 바위를 깨트리려고 던지는 게 아니란 말입니다. 살기 위해 던져야 합니다.

밤토끼는 그렇게 하루의 감정을 던졌습니다. 어떤 때는 16년 전의 감정을 던지기도 했지만, 결국 던지는 행위 자체는 지금, 오늘이었습니다. 그런 오늘이 모여 2년의 세월이 되었습니다. 하루는 한 글자가 되었고, 쌓인 글이 모여 책이 되었습니다. 책이 누군가의 아픔을 공감해주기를 바라서가 아닙니다. 비슷한 아픔을 경험한 사람들에게 힘이 되어주길 바라서도 아닙니다. 물론 그런 희망이 없는 것은 아니지만, 이 책은 오롯이 밤토끼 한 사람을 위해서 썼습니다. 시작도 그랬고 프롤로그를 쓰는 지금도 같은 마음입니다. 그 시간을 견디고 살아낸 밤토끼가 고맙습니다. 과거의 엄마를 보내고 지금 엄마가 된 밤토끼의 햇살 가득한 날을 기도합니다.

2023년 토끼해
덕수궁 작업실에서, 낮토끼

밤토끼 낮토끼
첫 편지

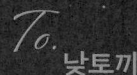

그날 이야기 나누고 집에 가는 동안 차 안에서 또 숨이 막히고

곧 죽을 것 같다는 생각이 들었어요. 진이 다 빠졌어요.

속 깊은 감정을 누구에게 말한다는 게 쉽지 않은 것 같아요.

말하면 마치 불안, 우울, 공황장애라는 것들한테

제 정체를 들켜 사로잡힐 것 같았죠. 그래서인지 쉽지 않아요.

그래도 열심히 써 볼게요.

To.
밤토끼

어제 밤토끼의 다양한 감정표출은 입체적이었어요.

흑백 TV에서 3D로 갑자기 화면이 전환된 것처럼 말이죠.

집에 오면서도 이게 뭐지? 생각했어요. 아침에 감정의 잔상이

지나고 마음을 들여다보면서, '감동'이라는 단어가 생각났어요.

감정이 전달되어서 감정을 움직이게 하는 힘 '감동' 말이에요.

좋아하는 음악을 들으며 느끼는 감동이 있어요.

그런데 어떤 장엄한 장면, 예를 들면 설악산 대청봉 꼭대기에서

맞이하는 일출은 처음 보면 말문이 막혀요.

'좋다, 나쁘다, 멋지다'는 형용사로 표현 못 할 장엄함에 압도 당하죠.

어제 느낀 감동이 그런 거였어요.

밤토끼가 표출한 순수한 감정의 일출에 제가 압도당했나 봐요.

우리가 글을 주고받을 공유폴더가 그런 공간이 되면 좋겠어요.

어제 테레로사 카페처럼요. 어떤 때는 잔잔함으로,

어떤 때는 격정적으로, 해석하지 말고 가리지 말고 있는 그대로요.

밤토끼님,

이제 마음 속 깊은 숨을 천천히 뱉어보세요.

1장

엄마가 떠났다

아마도 난 그 찰나의 순간에 묶여 버린 것 같아요.
알아채지 못한 나 자신을 바보등신이라 생각했어요.
수많은 자책을 했어요. 아직도 후회하고 있어요.
다시 돌아갈 수 있다면
엄마의 속옷을 세탁하던 때로 돌아가고 싶어요.

세탁이 다 끝나면 엄마 팔목에 꽂힌 수많은 링거줄을
헤집고 들어가 껴안고 사랑한다고 말해줄 거예요.
그리고 같이 잘 거예요.

생과 사를 가르는 줄넘기

밤토끼

나는 엄마랑 마당에 나가 줄넘기를 자주 했다.

"엄마, 줄넘기 왜 이렇게 열심히 해?"
"응? 배가 많이 나왔잖아"
"아…"

엄마 배는 유난히 불러있었다.
한 치의 의심도 없이 같이 줄넘기를 했다.
엄마의 배는 복수가 가득 차 있었다.
엄마의 배에 복수가 가득 차 있었듯
내 마음에도 우울이 가득 차 있다.
언제 터져도 이상하지 않을 정도로 가득 차 있다.

낮토끼

요즘 공원에서 흔히 보는 풍경입니다. 모녀가 함께 걷고 줄넘기를 하고, 하루의 소소한 일들을 주고받으며 운동을 합니다. 방금 푸짐하게 먹었던 저녁은 잊고서, 좀처럼 살이 빠지지 않는다고 한탄합니다. 언제나 '배'가 가장 문제입니다. 이 녀석은 도무지 빠질 기미가 보이지 않습니다. 옷장 가득히 안 입는 옷이 쌓이듯이 갈수록 높아만 갑니다. 그래서 언제나 대화의 중심에는 뱃살이 있습니다. 드라마 이야기를 하다가도 뱃살로, 회사 김 부장 욕을 하다가도 뱃살로 돌아옵니다. 그렇게 뱃살을 욕하던 모녀는 운동을 끝내고 집에 돌아와서, 오늘따라 허기가 진다면서 오늘 하루만 딱 하루만 야식을 먹기로 단결합니다.

밤토끼도 엄마와 함께 운동했던 기억이 있습니다. 그런데 밤토끼의 기억 속 엄마와의 줄넘기는 동네 공원에서 보는 모녀의 그것과는 다릅니다. 엄마의 배는 야식으로 채워진 게 아닙니다. 엄마는 배가 부풀어 오를수록 딸과의 이별이 가까워지는 것 같아서 더욱 열심히 줄을 넘었습니다. 엄마에게 줄넘기의 줄은, 생과 사를 가르는 줄이었습니다. 그래서 더 이 악물고 줄을 넘었습니다. 어린 딸이 보기에도 '열심히'란 단어가 생각날 정도로요.

그러나 결국 엄마의 배는 가라앉지 않았습니다. 엄마는 그 배를 타고서 시간과 공간을 넘어선 곳으로 가셨습니다. 엄마의 배는 그래서 생과 사를 생각하게 만듭니다. 생과 사는 낮과 밤처럼 같이 있는 것이라지만, 엄마의 배는 두려움만 떠오르게 합니다. 다시 생각하고 싶지 않은 깊은 밤의 두려움입니다.

엄마의 배에 복수가 가득 차는 것처럼 밤토끼의 마음에 우울이 가득 차는 게 이상하지 않습니다. 희망과 사랑이 가득 차는 게 오히려 이상합니다. 다만 너무 가득 차서 언제 터질지 모를 것 같은 두려움은 우울과는 다른 감정입니다. 살다 보면 종이와 책상 모서리에 긁혀서 피가 나는 경험은 누구나 하게 됩니다. 하지만 상처를 방치하여 곪게 만드는 것은 다른 문제입니다. 우울은 누구나 가질 수 있는 감정이지만 오래된 두려움은 마음을 곪게 만듭니다.

엄마가 그리도 열심히 줄을 넘은 것은, 어쩌면 딸에게 말하고 싶으셨는지도 모릅니다. 우리가 생과 사를 통제할 수는 없지만, 적어도 살기로 선택할 수는 있다고요. 아니 그래야만 한다고요. 오늘 하루 넘을 힘이 남아 있는 한, 줄을 넘어야 한다고요. 아마도 엄마는 우울이 차오르는 딸을 나무라지 않을 것입니다. 당연하다고, 우울도 소중한 감정이라고 보듬어 줄 것입니다. 하지만 오지 않은 미래를 두려워하는 딸에게는 오늘 하루 양만큼만 줄을 넘어 보라고 다독여 줄 것입니다. 엄마가 그렇게 열심히 줄을 넘으셨으니까요.

밤토끼

낮토끼님의 글을 읽고 또 읽었습니다. 글 중에 기억에 남는 곳이 있네요.

'우리가 생과 사를 통제할 수는 없지만, 적어도 살기로 선택할 수는 있다고요. 아니, 그래야만 한다고요. 오늘 하루 넘을 힘이 남아 있는 한, 줄을 넘어야 한다고요.'

저처럼 마음이 힘든 사람들이 이 글귀를 꼭 봤으면 하는 생각이 듭니다. 사실 저번 토요일에 정신건강의학과에 가려고 했어요. 도저히 안 되겠더라고요. 무기력하게 병원 갈 시간을 기다리고 있는데 아빠한테 카톡이 왔어요. 제가 좋아하는 빵을 가득 담아둔 사진을 보내셨더라고요. 아빠는 산책하다가 제가 좋아하는 빵을 파는 집이 보여 샀다고 하셨어요. 평소 사진도 안 찍는 아빠가 신기하게도 사진을 보냈어요. 아빠가 사진으로 말하는 것 같았어요.

"밤토끼야, 빨리 와~~"

우울, 걱정에 휩싸였던 순간에 아빠가 그곳에서 절 꺼내줬어요. 병원에 안 가고 아빠 집으로 갔어요. 그날도 안전하게 줄을 넘었어요.

낮토끼

흰 가운 입은 사람이 있는 곳이 병원이 아니라 병을 고쳐주는 사람이 있는 곳이 진짜 병원인지도 모릅니다. 아빠는 진단하지 않고도 알았습니다. 어떤 상태라고 분명하게 말해 줄 수는 없지만, 아빠는 본능적으로 알았습니다. 사랑이 그렇습니다.

진단이 정확하니 처방이 비껴갈 리 없습니다. 아빠의 처방은 '빵'입니다. 평소 안 찍던 사진까지 동원하여 아빠는 딸에게 처방전을 신속하게 전달했습니다. 항우울증약과 기계적인 상담과는 비교할 수 없는 살아 숨 쉬는 처방전입니다. 그 힘으로 토요일 또 줄 하나를 넘었습니다. 줄넘기란 게 참 신기합니다. 처음에는 10개 넘기도 힘들고 바로 숨이 차오릅니다. 그래도 꾸역꾸역하다 보면 하루가 다르게 개수가 늘어 납니다. 그러다가는 개수가 아니라 시간으로 측정하게 됩니다. 가쁜 숨이 폐와 심장의 잔근육들을 단단하게 해주었기 때문입니다. 밤토끼의 줄넘기도 그렇습니다. 능숙한 줄넘기를 바라지 말고, 어제보다 더 잘하려 애쓰지 말고, 오늘 할 수 있는 만큼만 줄을 넘으면 됩니다. 너무 하기 싫은 날은 줄을 들고 서 있기만 해도 괜찮습니다. 그게 최선일 때도 있으니까요.

+ 덧붙임

잘 알고 있겠지만, 정신건강의학과와 가정의학과는 다르지 않습니다. 몸의 감기는 가정의학과로 마음의 감기는 정신건강의학과로 가는 차이 정도입니다. 아빠가 사준 빵 하나 먹고 마음의 감기약 받으러 간다고 생각하면 발걸음이 한결 가벼울 것입니다. 안 그래도 출퇴근하느라 힘든 발에 너무 무거운 짐을 주지는 마세요. 또 그런 때가 찾아오면 맛있는 빵 하나 사 먹고 그래도 안 되겠으면, 마음의 감기약 받으러 가세요.

밤토끼

마음의 감기약은 정신건강의학과로! 굉장히 단순한 걸 너무 어렵게 생각했네요. 전현종 시인의 시 '방문객'을 낮토끼에게 전하고 싶어요. 한 사람의 일생을 같이 들여다봐 주는 낮토끼가 고맙네요.

사람이 온다는 건
실로 어마어마한 일이다
그는
그의 과거와
현재와
그리고
그의 미래와 함께 오기 때문이다
한 사람의 일생이 오기 때문이다
부서지기 쉬운

그래서 부서지기도 했을
그 마음이 오는 것이다 – 그 갈피를
아마 바람은 더듬어 볼 수 있을
마음,
내 마음이 그런 바람을 흉내 낸다면
필경 환대가 될 것이다

엄마의 마지막 속옷 빨래

밤토끼

20살, 자유에 휩싸여 눈에 보이는 게 없었어요. 그날도 저녁에 대학교 친구들 모임이 있었어요. 낮에 엄마를 보려고 병원에 갔어요. 엄마는 아빠랑 나란히 복도 의자에 앉아 이야기를 나누고 있었어요. 내가 나타나자 환하게 웃었어요. 엄마에게 이따 친구들 모임이 있다고 말했고 엄마는 잘 갔다 오라고 했어요. 약속 시간이 다 돼서 엄마에게 간다고 인사를 했더니, 엄마가 잠깐 이야기할 게 있다고 했어요. 엄마는 화장실로 날 불러서 조용히 말했어요.

"미안한데 엄마가 속옷에 실수했어. 이거 좀 빨아주라"
"아… 그럴 수 있지. 알겠어…"

속옷을 세탁했어요. 한 치의 의심도 없었어요. 엄마한테 인사를 하고 친구들을 만나러 갔어요. 다음 날 엄마는 돌아가셨어요.

아마도 난 그 찰나의 순간에 묶여 버린 것 같아요. 알아채지 못한 나 자신을 바보등신이라 생각했어요. 수많은 자책을 했어요. 아직도 후회하고 있어요. 다시 돌아갈 수 있다면 엄마의 속옷을 세탁하던 때로 돌아가고 싶어요. 세탁이 다 끝나면 엄마 팔목에 꽂힌 수많은 링거줄을 헤집고 들어가 껴안고 사랑한다고 말해줄 거예요. 그리고 같이 잘 거예요.

하지만 안 된다는 걸 알아요. 모든 일엔 전조 증상이 있는데 다양한 이유로 그냥 지나쳐 가는 것 같아요. 그 찰나의 순간을 놓치지 않는 사람이 되고 싶어요.

낮토끼

밤토끼는 나이에 맞는 자연스러운 행동을 했습니다. 그런데 이어진 결과가 너무 큽니다. 다음 날 엄마가 돌아가셨습니다. 사실 이 부분을 읽는데 진도가 나가지 않았습니다. 한참 동안 글을 붙잡고 있었습니다. '왜 하필 다음 날이었나?'라는 말이 절로 나옵니다. 안타까운 탄식이 모니터의 빈 곳을 좀처럼 벗어나지 못했습니다. 10년이나 지난 시간의 제3자인데도 말입니다. 그래서 글을 쓰지 못하고 몇 숨을 들이켜야 했습니다. 글을 쓰고 있는 지금이 햇살 화창한 날이고, 글을 쓰고 있는 이곳이 동네의 좋아하는 카페가 아니었다면 더욱 많은 '숨'들이 필요했을 것입니다.

영화는 편집의 예술이라고 합니다. 시간 순서대로 나열하지 않고 시간과 장소가 섞입니다. 마지막 장면으로 시작해서, 시간 순서대로 진행되다 다시 맨 처음 장면이 나오는 식입니다. 무엇보다 중요한 것은 영화의 첫 장면과 마지막 장면입니다. 그중에서도 영화의 첫 장면은 영화의 전체적인 분위기를 담는 중요한 요소입니다. 낮토끼와 밤토끼의 이야기를 영화로 만든다면, 오늘의 글로 첫 장면을 찾았습니다. 우리 이야기를 풀어낼 중요한 시작 장면입니다.

'다시 돌아갈 수 있다면 엄마의 속옷을 세탁하던 때로 돌아가고 싶어요'

우리 영화의 시작은 엄마의 속옷을 세탁하던 때입니다. 엄마의 밝고 건강한 모습, 엄마와 아빠와 동생과 뛰놀던 시절이 아닙니다. 엄마의 속옷을 세탁하던 때는 엄마의 아픔을 눈치채지 못한 자신에 대한 원망과 후회의 공간입니다. 하지만 엄마의 죽음을 예측할 수는 없습니다. 의학적으로 시한부 판정을 내렸다고 해서, 죽는 날짜까지 말하지는 못합니다. 아무도 알 수 없는 것이 '생명'의 기한입니다. 지금 돌아보니 후회라고 표현하지만, 정확히 말하면 눈치 없던 시간의 후회가 아니라 사랑을 표현하지 못한 안타까움입니다.

하지만 시간이 지났고 물리적으로 그 시간으로 돌아가지 못합니다. 누구보다 밤토끼가 잘 알고 있습니다. '하지만 안 된다는 걸 알아요'라고 쓰고 있습니다. 물론 그 시간 속으로 다시 돌아가지는 못하지만, 이것으로 끝난 것도 아닙니다. 후회만 남길 수는 없습니다. 누군가 삶은 해석이라고 말했습니다. 내가 어떻게 보고 해석하느냐에 따라서 똑같은 풍경과 그림도 다르게 표현됩니다. 지금까지는 '후회'라는 렌즈로 촬영했지만, 우리 한번 다른 렌즈를 끼워 봅시다.

'아마도 난 그 찰나의 순간에 묶여 버린 것 같아요'

밤토끼는 어떻게 해야 하는지 이미 알고 있습니다. 묶여 있는 것을 먼저 풀어야 합니다. 아무리 다시 해석하려고 해도 후회와 자책의 렌즈로는 한 장면도 다시 찍지 못합니다.

'엄마 팔목에 꽂힌 수많은 링거줄을 헤집고 들어가 껴안고 사랑한다고 말해줄 거예요'

밤토끼는 구체적인 방법도 알고 있습니다. 하지만 안다고 해서 쉽게 해결할 수 있는 건 아닙니다. 다시 한번 엄마의 팔목과 마주해야 하기 때문입니다. 엄마 팔목에 꽂힌 하나의 링거만 마주하기도 벅찬데, 밤토끼의 말대로 수많은 링거가 꽂혀 있습니다. 밤토끼는 후회와 자책에 묶였고 엄마에게는 수많은 링거가 묶여 있습니다. 이 묶음들을 풀어내야 합니다. 어제는 줄넘기 하나를 넘었다면 오늘은 매듭 하나를 풀어야 합니다.

그러나 마냥 먼 훗날의 이야기만은 아닙니다. 결국 끝날 거란 두려움에 사로잡힐 것도 아닙니다. 사실 링거는 하나이기 때문입니다. 분명 하나입니다. 수많은 링거는 두려움과 후회와 자책으로 보낸 시간이 만들어낸 허상입니다. 이게 꿈인지 현실인지를 아는 방법은 눈을 뜨는 것입니다. 손을 뻗어 잡아 보는 것입니다. 그러면 그 많던 허상들이 순간 사라집니다. 밤토끼는 말했습니다.

'헤집고 들어가 껴안고'

헤집는 것, 들어가는 것, 껴안는 것은 모두 행동입니다. 현실 세계에서 이뤄지는, 살아 존재하는 사람의 행동이란 말입니다. 밤토끼는 수많은 링거를 헤집고 들어가 껴안을 것입니다. 그리고 이미 그렇게 두려운 생각에서 행동으로 옮겼습니다. 밤토끼의 글들이 말해 주고 있습니다. 시작이 반이라고 합니다. 위로의 말이 아닙니다. 세상이 그렇게 움직입니다. 자동차도 시동을 걸고 출발할 때 에너지를 가장 많이 소비합니다. 우리도 아침에 일어나 앉기까지가 제일 힘듭니다. 헤집고 들어가 껴안기가 이미 시작되었습니다. 그게 중요합니다. 후회와 자책은 사라지지 않습니다. 더욱이 엄마의 죽음과 붙어 있으면 더욱 그럴 것입니다. 그러나 헤집고 들어가 껴안기가 만들어 주는 새로운 감정이 후회와 자책을 압도하게 될 것입니다. 굳이 없애려고 애쓰지 않고 잊으려 노력하지 않아도 되는 감정으로 남겨지게 될 거란 말입니다.

'속옷을 세탁했어요'

밤토끼는 엄마에게 사랑한다고 말하고 싶다고 했습니다. 그런데 이미 사랑한다고 말했습니다. 밤토끼는 못다 한 사랑으로 기억하지만, 엄마에게는 마지막 선물이었습니다. 이 세상을 떠나기 전 마지막 나약함을 병원의 세탁기가 아닌, 자기 몸보다 더 사랑하는 딸의 손으로 보듬어졌습니다. 이게 사랑이 아니라면 무엇이 사랑인가요? 엄마는 세상의 마지막 날에, 마지막 시력이 남아 있는 순간에, 딸의 온기가 남아있는 속옷이 보였는지도 모릅니다.

'그리고 같이 잘 거예요'

이제 밤토끼가 엄마와 함께 편히 자면 좋겠습니다. 두려움과 자책으로 잠들지 말고, 사랑으로 잠들고 사랑으로 잠에서 깼으면 좋겠습니다. 그날 하루의 기억으로 14년의 세월을 보냈습니다. 지금을 놓치지 않으면 좋겠습니다. 조건 없이 지금, 사랑을 고백하면 좋겠습니다. 엄마에게 사랑을 고백하고, 아빠와 동생과 남편에게 사랑한다고 지금 말하면 좋겠습니다. 무엇보다 밤토끼에게, 손 빨래하던 밤토끼에게, 친구를 만나러 나간 밤토끼에게 먼저 사랑한다고 말하면 좋겠습니다. 밤토끼는 그렇게 사랑받고 사랑해야 합니다. 엄마가 그렇게 말합니다.

생일에 떠난 엄마

밤토끼

제사는 사람이 살아있던 날로 해서 지내는 거라고 해요. 그럼 엄마가 살아있던 날을 따져서 제사를 지내면 되는 건지 알았어요.

아빠는 엄마가 살아있던 날의 음력 날을 따져보니 제 생일이랑 같다고 하셨어요.

그래서 우리는 제 생일 날짜의 음력 날에 제사를 지내고 있어요.

그래서 더더욱 엄마 기일은 잊어버릴 수 없어요.

엄마가 살아 있던 날..

새하얗고 예뻤던 엄마

그때가 그립네요.

낮토끼

어느 정치인의 죽음을 아침 인터넷에서 접했습니다. 뭐라 할 말이 없는 아침입니다. 작업실에 와서 잠시 눈을 붙이고 앉아 커피 한 잔을 마시니 정신이 가다듬어집니다. 한 사람은 떠났지만, 우리들의 일상은 조금도 변하지 않습니다. 해가 뜨고, 비가 오고, 차들이 지나가고, 사람들이 역을 향하여 분주히 걸어갑니다.

누군가 삶과 죽음은 하나라고 했습니다. 낮과 밤이 있는 것처럼요. 밤이 없으면 낮도 없는 것처럼 죽음이 있어서 삶도 있다고 했습니다. 알 듯 모를 말입니다. 그런데 밤토끼의 글을 보면서, 이 말이 현실로 다가왔습니다. 엄마의 기일이 딸의 생일입니다. 엄마의 죽음을 기억하는 날이, 딸의 탄생을 기억하는 날입니다.

진짜 소중한 것은 없을 때 깨닫습니다. 숨이 막혀봐야 공기의 존재를 압니다. 목이 말라야 물이 왜 생명의 근원이라고 하는지를 온몸으로 동의합니다. 암 환자는 한순간에 이런 소중한 것들을 가려냅니다. 누가 가르쳐주지 않아도, 죽음을 생각하는 순간에 가치 있는 것과 없는 것을 위조지폐 감별사처럼 가려냅니다. 죽음을 알아야 삶을 알게 되는 역설입니다.

깨닫지 않아도 되니 그런 일이 없었으면 좋았겠습니다. 삶이 뭔지 몰라도 좋으니, 엄마의 죽음이 없었으면 좋았겠단 말입니다. 그런데 엄마는 떠났습니다. 그것도 밤토끼의 생일에…. 밤토끼의 지난 시간은 그래서 어둠만은 아닙니다. 죽음을 깊이 생각했다는 것은 삶을 깊이 생각한 것입니다. 그동안 밤토끼에게 전해 준 것이 있었다고 생각했는데, 앞으로는 제가 전해 받을 것이 더 많다는 생각이 듭니다. 밤토끼는 누구보다도 삶이 무엇인지를 온몸으로 질문하고 답했으니까요. 그래서 그리도 아프고 힘들고 불안했나 봅니다. 또래의 친구들이 옷 코디로 고심할 때, 밤토끼는 깊고 깊은 질문을 하고 있었네요. 그동안 밤토끼에게 전했던 말들이 부끄러워지는 아침입니다.

+ 덧붙임
살아야 합니다. 살아야겠습니다. '잘', '행복하게' 이런 형용사 빼고 살아야 하고 살아야겠습니다. 살아 있는 것만으로도 이렇게 아주 위대하니까요.

밤토끼

그냥 살아야 한다는 말에 공감합니다. 그럼에도 불구하고 살아야겠단 생각을 해야겠습니다. 아침에 회사 당직 가는 길에 푸르른 하늘이 오늘도 잘 지내보라고 응원해주는 느낌이었습니다. 누구에게 위로받기도 하지만 밤토끼는 특히 자연의 풍경을 보고 행복감을 많이 느낍니다. 그냥 말하지 않아도 이해받는 느낌입니다.

지나가는 길가의 민들레도 그냥 지나치지 않습니다. 사진도 찍고 어떻게 그렇게 잘 컸냐고 칭찬합니다. 하늘을 보면 파란색의 넓은 바다 같다고 칭찬합니다. 나무를 보면 푸른 나뭇잎이 비단결 같다고 칭찬합니다. 산을 보면 늠름한 모습에 멋있다고 칭찬합니다. 강을 보면 도토리묵처럼 잔잔하다고 칭찬합니다. 비가 오면 빗소리가 참 예쁘다고 칭찬합니다. 그냥 그들 자리에 있는 것뿐인데 밤토끼는 예쁘고 기특하다고 칭찬합니다.

하지만 밤토끼는 저 자신한테는 칭찬을 제대로 해본 적이 없습니다. '그냥'이 없습니다. 그런 단호한 생각이 밤토끼의 마음을 다치게 했었나 봅니다. '그냥'이란 말. 어떻게 생각하면 대충한다 생각이 들겠지만, 밤토끼는 저에게 그냥이라는 말을 하기까지 굉장히 오랜 시간이 걸렸습니다.

그냥, 이 말이라도 계속해보려고 합니다. 그냥, 이 글 쓰는 거야. 그냥, 일하는 거야. 그냥, 하는 거야. 그냥, 사는 거야. 그냥, 오늘을 살 거야.

낮토끼

밤토끼가 말한 '그냥'이란 단어가 유독 눈에 담깁니다. 인터넷에 '그냥'을 물었습니다. 국어사전에는 '아무런 대가나 조건 없이'라고 쓰여 있습니다. 영어사전에는 'as it is' 있는 그대로라고 번역됩니다. 그냥이란 단어를 쉽

게 사용했고, 쉬운 의미로 생각했는데 원래의 뜻을 알고 나니 다릅니다.

누군가에게 잘 할 수 있습니다. 헌신하고 사랑할 수 있습니다. 그런데 아무런 대가나 조건 없이 한다는 것은 참 어려운 일입니다. 성숙한 사람만이 할 수 있는 사랑입니다. 사랑의 대상을 자신보다 아낌없이 사랑해야만 가능한 일입니다.

'있는 그대로'는 또 얼마나 어려운 일인가요? 본연의 모습으로 살기 위해서는 먼저 진실을 알아야 합니다. 또한 솔직하게 받아들여야 합니다. 그래야 '있는 그대로'가 가능합니다. 용기만으로 되지 않고 아는 것만으로도 되지 않는, 앎과 용기 모두가 필요한 어려운 과제입니다.

'그냥'은 별생각 없이, 걱정 없이, 쉽게라는 의미가 아닙니다. 조용하지만 매우 적극적인 삶의 태도입니다. 밤토끼에게 '그냥'이 어려웠던 이유입니다. '그냥'의 의미를 밤토끼는 알았나 봅니다. 특별한 인생을 산 사람만이 평범한 삶의 위대함을 알게 되는 것처럼 말입니다.

오늘은 밤토끼에게 '그냥'을 배웠습니다. 어제는 밤토끼에게 전해 줄 것보다 배울 게 많다고 썼는데, 하루가 지나지 않아서 체험합니다. 밤토끼를 따라서 낮토끼도 그냥 글을 쓰고, 그냥 일을 하고, 그냥 오늘을 살겠습니다. '그냥'의 삶을 살아내겠습니다.

엄마의 못다 한 잡화점

밤토끼

엄마가 돌아가신 후, 마치 죽을 것 같았지만 죽지는 않았습니다. 밥도 못 먹을 것 같았지만 밥만 잘 먹었습니다. 웃지도 못 할 것 같았지만 잘 웃었습니다. 그런 것 같았습니다. 그런 줄 알았습니다.

어느 날 마음에 드는 시계를 봤습니다. 시계를 사서 집에 갔는데 순간 오만가지 생각이 들었습니다. '엄마가 죽었는데 내가 이런 시계를 사다니…' 순간 제가 싫어졌습니다. 다음날 시계를 환불하고 돌아왔습니다. 그 이후부터였습니다. 나 자신에게 쓰는 돈은 아깝다는 생각이 든 것은요. 동생에게는 유명한 브랜드의 가방, 신발, 시계, 옷을 사주면서 나에게는 좀 더 싼 가방, 신발, 옷을 사줬습니다. 30대가 돼서야 좋아하는 브랜드의 신발을 제 돈 주고 샀는데 그때도 기분이 썩 좋지만은 않았습니다. 내게 벌을 주고 있는 걸까요?

나를 위해 사는 것은 최대 6개월까지 고민하고 삽니다. 흔한 다이어트 도시락을 살 때도 말입니다. 주변 사람들이 내가 옷을 사면 '이야! 저 옷은 밤토끼의 선택을 받은 옷이야'라고 말할 정도입니다. 어떤 사람은 "내가 여자라면 옷, 신발, 가방을 종류별로 살 텐데 밤토끼 너는 왜 안 사는 거야?"라고 묻습니다. "나도 사고 싶은데 그게 잘 안되는 겁니다"라고 말하고 싶지만, 그냥 웃으며 마음에 드는 게 없다고 합니다. 어떤 사람들은 이런 날 보며 까다롭다고도 합니다. 나는 그까짓 것 없어도 잘 살 수 있다고 생각합니다. 아니 나도 막 사고 싶습니다. 그런데 왜 이러는 걸까요?

엄마를 생각하면 자주 눈앞에 그려지는 모습이 있습니다. 그 좁은 방을 하루 종일 닦고 또 닦는 모습입니다. 닦을 곳도 없는 방을 계속 닦았습니다. 엄마는 돈이 좀만 있다면 작은 잡화점을 하고 싶다고 했습니다. 그런데 돈이 없었습니다. 가난한 삶에, 엄마도 하고 싶었던 게 많았을 텐데 못 하고 돌아가셨습니다. 그게… 내가… 다…, 미안합니다.

그냥 생각난 대로 써서 잘 몰랐는데, 쓰는 내내 엄마도 불쌍하고 나도 불쌍해서 눈물이 흐릅니다.

낮토끼

글은 다른 글인데, 지난번 엄마의 속옷을 빨았던 이야기가 생각납니다. 엄마의 속옷이 시계로 연결되었습니다. 시계는 옷과 가방과 신발과 화장품으로 연결되었고요. 우리가 흔히 생각하는 생필품과 패션용품은 그래서 밤토끼에게는 다른 의미 입니다. 옷이 그냥 옷이 아니란 말입니다. 옷을 선택하려면 옷과 연결된 시계로, 시계와 연결된 엄마의 속옷으로, 엄마의 속옷에 담긴 못다 한 사랑의 아픔에 이르게 됩니다. 그렇게 생각이 이어지면, 세상 모든 것에 엄마가 있고 엄마에게 못다 한 사랑의 안타까움이 있습니다. 밤토끼가 선택을 어려워하고, 남자 친구가 가방을 사준다고 해도 반년을 끌었던 이유가 이제 조금 이해가 됩니다.

'엄마는 그 좁은 방을 닦고 또 닦았습니다'

옷을 하나 잡으면, 좁은 방을 닦고 또 닦는 엄마가 보입니다. 가방을 사려고 하면, 가방 하나 없으시던 엄마의 빈 어깨가 생각납니다. 신발을 사려고 하면, 싸구려 신발을 신고 있으시던 엄마의 초라한 발이 생각납니다. 밤토끼가 무엇을 산다는 것은 취향과 가격의 문제가 아니라 미안함과의 싸움이었습니다. 몇 번 눈을 질끈 감고 미안함을 누른 다음에 물건을 사기도 했지만, 대부분은 미안함을 넘지 못했습니다. 그 또래의 친구들에게 가장 신나는 일이 밤토끼에게는 가장 어려운 일이 되었습니다.

'엄마도 불쌍하고, 나도 불쌍해서 눈물이 납니다'

앞으로도 선택과 미안함의 싸움은 계속되리라 생각됩니다. 하지만 오늘 밤토끼의 글에서 이제 그만 싸움을 끝낼 실마리를 찾게 됩니다. 엄마가 불쌍하다는 말은 이제 엄마를 이해할 나이가 되었다는 뜻입니다. 시간이 알려주는 가르침이 있습니다. 아무리 뛰어난 과학자도 젊은 나이에 인생을 알 수는 없습니다. 젊은 노벨 과학상 수상자는 있어도, 젊은 노벨 문학상 수상자는 드문 일입니다. 인생이 담긴 문학에는 반드시 시간의 숙성이 필요하기 때문입니다. 밤토끼도 엄마의 나이가 되면서, 이전에는 이해하지 못하던 엄마를 알게 됩니다. 좁은 방을 닦고 또 닦던 엄마, 잡화점을 하고 싶었던 엄마를 이해하게 됩니다. 그래서 눈물이 납니다. 밤토끼는 불쌍해서 운다고 표현했지만, 이해의 눈물입니다. 이해하니까 불쌍한 것입니다. 엄마를 이해한 것이 실마리는 아닙니다. 진짜 실마리는 엄마를 이해하면서 또한 밤토끼 자신을 이해한 것입니다.

'나도 불쌍해서'

밤토끼가 밤토끼를 이해하니 불쌍하고 눈물이 납니다. 불쌍하고 눈물이 나온 것은 현상입니다. 본질은 밤토끼가 자신을 스스로 이해하기 시작했다는 사실입니다. 밤토끼는 내게 벌을 주고 있는 것이냐고 묻습니다. 나도 막 사고 싶은데 왜 그런지 묻고 있습니다. 그런데 답을 주지 않아도 되겠습니다. 자신을 이해하기 시작한 밤토끼는 이미 답도 알고 있습니다. 문제의 원인과 현상, 그것이 지속된 양상과 결과를 알고 있습니다. 글이 말해주고 있습니다.

이해는 행동하게 만듭니다. 밤토끼의 이해도 이제 행동으로 나타날 것입니다. 엄마의 마지막 가시는 길의 속옷을 손으로 빨아드린 것처럼, 엄마의 못다 한 잡화점의 꿈을 밤토끼가 이루게 될 것입니다. 새로 산 시계를 죄책감으로 환불하는 게 아니라 엄마에게 사 드리는 마음으로 기쁘게 사게 될 것입니다. 내가 기쁘게 사는 옷과 가방과 신발과 머리 끈이 엄마를 위한 것입니다. 부모의 기쁨은 그것입니다. 내가 못 해도 자녀가 예쁘면 그것만큼 좋은 것도 없습니다. 자녀가 맛있게 먹는 것을 보는 것만으로도 배가 부릅니다.

사랑의 반대는 증오와 무관심이 아닙니다. 상대방 처지에서 생각하는 게 사랑이고 내 중심으로 생각하는 게 사랑의 반대입니다. 죄책감은 아직도 내가 주인공입니다. 상대가 나를 이해하건, 용서하건, 사랑하건 상관없이 말입니다. 다행히 밤토끼는 이제 죄책감에서 돌아서게 되었습니다. 이해하기 시작한 것이 증거입니다. 이제는 이해가 행동으로 표현될 것입니다. 돌아선 것으로 만족하지 않고 한 발, 한 발을 내딛게 될 것입니다.

엄마가 하고 싶었던 '작은 잡화점'이 바로 밤토끼입니다. 엄마가 예쁜 신발, 옷, 머리띠, 시계, 모자, 액세서리로 꾸미고 싶었던 작은 잡화점이 사랑하는 딸, 밤토끼입니다. 오랜 시간 동안 누리지는 못하셨지만, 그렇게 밤토끼를 엄마가 꿈꾸던 작은 잡화점으로 꾸미셨습니다. 그냥 조금 하신 정도가 아니라 방을 닦고 또 닦으시며, 주어진 환경에서 최선을 다하셨습니다. 이제 잡화점의 남은 부분은 밤토끼의 몫입니다. 자신을 위해 예쁜 가방 하나를 즐겁게 사는 게 엄마의 잡화점을 채우는 것입니다. 엄마도 못 샀던 비싼 가방을 사는 게 미안한 일이 아니라 그런 생각으로 잡화점을 계속 비워두는 게 죄송한 일입니다. 지금부터 내가 사는 모든 것이 엄마의 소중한 잡화점을 채우는 일이라 생각하면 좋겠습니다. 벌써 엄마의 흐뭇한 미소가 보이는 듯합니다.

+ 덧붙임

지적질 좀 하겠습니다. '동생한테는 유명한 브랜드의 가방, 신발, 시계, 옷 등을 사주면서 나에게는 좀 더 싼 가방, 신발, 옷을 사줬습니다' 이 말에는 세상 하나밖에 없는 동생 사랑이 담겨 있습니다. 반면에 내가 못 한 것을 동생에게 모두 투영한 표현도 담겨 있습니다. 물론 그때는 너무 어렸고 밤토끼의 최선이었습니다. 그것을 지금의 시선으로 판단하려는 것은 아닙니다. 다만, 동생 처지에서 생각해 보면 누나의 사랑이 또 다른 부담이 되었을지도 모릅니다. 부모들이 흔히 범하는 실수입니다. 내가 힘들어도 참고 아이들에게 최선을 다합니다. 그러면 아이들은 마음은 받지 못하고 물건만 받습니다. 그 물건으로 행복할 리 없습니다. 그러면 부모는 다시 다그칩니다. 내가 어떻게 널 키웠는지 아냐고, 희생한 부모로서는 답답해서 하시는 말씀이십니다. 하지만 아이는 사랑을 받지 못하고 부담만 받았습니다.

다행히 동생은 어긋나지 않고 가족의 사랑, 특히 누나의 사랑을 받았습니다. 그런데 동생이 받기에는 너무 큰 사랑이었는지도 모릅니다. 동생은 말 없이 받아들이는 것을 선택했고, 그 나이에 수용 못 할 감정의 덩어리를 감당해야 했습니다. 그동안은 밤토끼와 엄마만을 생각했는데, 오늘은 밤토끼의 동생을 다독여 주고 싶습니다. 착한 동생, 착한 막내가 너무 큰 짐을 지었습니다. 동생에게도 이야기 나눌 낮토끼가 있었으면 좋겠습니다. 그러나 일에는 순서가 있고 때가 있는 법이지요. 밤토끼가 먼저입니다. 밤토끼가 동생의 낮토끼가 될 테니까요.

밤토끼

감정의 덩어리를 동생에게 준 것은 맞습니다. 서로가 얼마나 힘든지 알기 때문에 안타까워만 했지, 그것에 대해 자세하게 이야기 나눠본 적은 없습니다. 그냥 서로를 이해하고 양보하기만 바빴습니다. 동생과 나는 쌍둥이는 아니지만 엄마가 돌아가신 이후로 쌍둥이로 거듭 태어났습니다. 다른 사람이 모르는 끈끈한 선이 우리를 이어놨습니다.

나를 100% 이해하는 사람도 동생이고
나를 100% 사랑하는 사람도 동생이고
나를 100% 안타까워하는 사람도 동생이고

낮토끼

엄마의 잡화점이 동생 이야기로 이어집니다. 동생은 현재 진행형에 밤토끼가 쌍둥이라고 표현하는 밤토끼의 분신이어서 그런가 봅니다. 동생 이야기에 결연해지는 밤토끼의 힘이 느껴집니다. 100%라고 100%라고 100%라고 힘주어 말합니다. 자세히 이야기 나눠 본 적은 없다고 했습니다. 당연합니다. 그동안 밤토끼 자신과도 이야기하지 못했으니까요. 억지로 할 필요는 없습니다. 밤토끼의 말처럼 쌍둥이라면 밤토끼 자신에게 하는 말이, 분신인 동생에게 말하는 게 될 테니까요.

밤토끼

동생은 저처럼 슬픔에 젖지 않으면 좋겠어요. 동생은 저처럼 슬픈 밤을 보내지 않으면 좋겠어요.
하지만 동생도 저처럼 힘든 날을 보내고 있단 걸 알아요. 어서 괜찮아져서 동생의 낮토끼가 되어주고 싶어요.

엄마를 닮은 이모

밤토끼

엄마는 나와 동생을 데리고 자주 인천행 버스를 탔어요. 왕복 3시간이 넘는 거리였지만 자주 갔던 기억이 나요. 그곳엔 엄마의 언니가 살았어요. 엄마는 큰이모와 많은 이야기를 나눴어요. 엄마가 아프고 나서는, 더 자주 만났어요. 큰이모는 나와 동생에게도 참 따뜻한 사람이었어요. 그래서 엄마가 큰이모를 의지했나 봐요.

엄마가 돌아가신 후, 큰이모는 내게 정말 큰 나무가 되어 주셨어요. 큰이모와 한참을 울었어요. 큰이모는 내가 결혼할 때 꼭 엄마 자리에 앉아준다고 약속했어요. 그래서 더 위로가 많이 되었어요. 나와 동생은 엄마가 돌아가신 이후에도 큰이모를 만나러 인천을 자주 갔어요. 같이 피자도 먹고 이야기 나눴어요. 큰이모가 우리를 보러오면 같이 영화도 보고 옷도 사고 고기도 먹고 놀았어요. 엄마가 없어 슬펐지만, 엄마랑 비슷하게 생긴 큰이모가 늘 같이 해줬어요. 그래서 슬펐지만 행복했어요.

큰이모도 참 힘들게 살았어요. 일을 한 번도 쉬지 않고 하느라 일상을 즐길 여유가 없었죠. 피자 먹기, 옷 사기, 영화 보기, 다 우리랑 처음으로 해본 거라고 했어요. 우리 엄마랑 참 많이 닮았다 생각했어요. 그래서 더 사랑했어요. 큰이모의 사랑으로 점차 안정을 찾아갔어요.

5년 뒤. 큰이모도 엄마와 같은 병에 걸려버렸어요. 몹시 아프다가 돌아가셨어요.

큰이모의 장례식장에 가려고 아빠, 동생과 버스를 타고 인천으로 출발했어요. 가는 동안 온갖 생각이 들며 눈물이 났어요. 큰이모까지 가버리고 나니까 마음의 상처가 더 깊어졌던 것 같아요. 결혼식 때 함께 해준다고 했었는데….

난 결혼식 때 눈물이 나지 않았어요. 아무 생각하지 않으려고 노력했어요. 오직 아빠만 바라보며 결혼식을 마쳤어요. 울면 엄마랑 이모한테 미안할 것 같아서요. 큰이모랑 엄마가 행복하고 재밌게 지내면 좋겠어요.

낮토끼

스포츠를 각본 없는 드라마라고 하는데, 밤토끼가 겪었던 일들을 어떤 작가가 글로, 어떤 감독이 영화로 옮길 수 있을까 싶습니다. 밤토끼의 담담한 글 앞에, 저의 부족한 표현력을 탓하게 됩니다. 엄마와 닮은 또 다른 엄마인 이모에게 받았을 위로가 얼마나 컸는지를 밤토끼의 글이 말해줍니다. 피자 먹기와 영화가 처음일 정도로 여유 없이 살아온 이모가 조카를 만나러 수원으로 갑니다. 옷을 사고, 피자를 먹고, 영화를 봅니다. 그렇게 엄마를 닮은 큰이모로 인해 안정을 찾아갑니다. 사실 큰이모도 같은 마음입니다. 동생을 닮은 밤토끼를 보면서 슬픔의 파도를 넘었습니다. 밤토끼가 돌아가신 큰이모를 만나러 가는 버스에서 눈물을 흘린 것처럼 큰이모는 조카를 만나러 가는 수원행 버스에서 눈물을 흘렸을 것입니다. 그렇게 이모와 밤토끼는 엄마로 연결되어 있었습니다. 세상에 유일무이한 존재로요.

5년 뒤, 많은 시간도 아니고 고작 한 손의 다섯 손가락으로 나타낼 수 있는 짧은 시간 후에 큰이모도 떠나셨습니다. 동생의 아픔을 대신해주지 못한 것이 못내 마음에 남으신 듯이 같은 병으로 말입니다. 밤토끼의 '5년 뒤'라는 글 다음을 읽기가 힘들었습니다. 아니 읽고 싶지 않았습니다. '큰이모의 사랑으로 점차 안정을 찾아갔어요'로 마무리되기를, 동화 같은 해피엔딩을 바랐나 봅니다. 동화는 아니어도 좋으니, 적어도 큰이모의 죽음 같은 일은 없기를요. 그런데 영화로 나와도 작위적이라고 욕먹을 일이 밤토끼에게는 현실이 되었습니다. 엄마를 닮은, 그래서 더 사랑하게 되고 엄마의 빈 공간을 채워주던 큰이모가 떠나셨습니다.

구멍 난 가슴에 더 큰 구멍이 뚫렸습니다. 밤토끼가 겪었던 죽음의 두려움, 일상의 숨막힘과 혼미함이 더 분명히 이해됩니다. 첫 번째 엄마와의 헤어짐도 감당하기 어려운데, 두 번째 엄마와의 이별까지 더해졌습니다. 첫 번째 엄마가 내 마음과 몸을 무너뜨렸다면, 두 번째 엄마는 나를 둘러싼 세상을 무너뜨렸습니다. 오늘의 글로 엄마와의 이별만으로 이해하기 힘들었던 밤토끼의 행동들이 이해됩니다.

엄마와 헤어진 사람들이 겪는 상실감이 있습니다. 하지만 상실감이 아무리 커도 시간을 이기지는 못합니다. 잊힌다는 게 아니라 시간이 다른 감정을 더해줘서 상실감만으로 살게 되지는 않는다는 말입니다. 밤토끼는 상실감에 두려움이 더해졌습니다. 상실감이 이미 잃어버린 것으로 인한 감정이라면, 두려움은 잃어버릴지 모를 것에 대한 것입니다. 상실감이 과거와 현재의 감정이라면, 두려움은 현재와 미래의 감정입니다. 그래서 밤토끼의 지금에는 상실감과 두려움이 가득 찼습니다.

얼마 전 TV에서 휴전선을 다룬 다큐멘터리를 봤습니다. 90세가 넘어 보이는 한국전 참전 영국 노인은 그때를 떠올리며, 눈물을 흘렸습니다. 한 번도 잊은 적이 없다고, 더 말하기가 어렵다며 눈물만 흘리는 모습을 봤습니다. 전쟁에서 겪었던 수많은 죽음과 대면했던 고통이 살아 있어서 그렇습니다. 밤토끼는 어린 나이에 갑작스럽게 엄마와 이별했습니다. 큰 상실감입니다. 보통의 딸들이 엄마와 이별하고 느끼게 되는 상실감과는 다릅니다. 밤토끼는 여기에 한국전 참전 영국 노인과 같은 죽음의 두려움이 더해졌습니다. 엄마를 닮았고, 엄마의 빈자리를 가득 채워준 큰이모의 죽음은 상실감에 두려움을 더했습니다.

상실감은 시간이 해결해 주지만, 두려움은 그렇지 않습니다. 시간이 내 노력으로 움직여지지 않습니다. 계절이 바뀌고 사람을 만나면서 상실감은 내 노력의 크기에 상관없이 줄어듭니다. 하지만 두려움은 가만히 있다고 저절로 줄어들지 않습니다. 물론 두려움을 알고 응시할 수 있는 최소한의 시간은 필요하지만, 시간만으로 되지 않습니다. 두려움은 정면으로 응시해야 합니다. 눈을 뜨면 사라지는 악몽처럼 대면해야 사라집니다. 그렇지 않으면 더욱더 커져서 잠자리를 누르고, 일상을 짓누릅니다. 실체가 없지만 강력한 힘을 가진 보이지 않는 적입니다.

'난 결혼식 때 눈물이 나지 않았어요. 아무 생각하지 않으려고 했어요'

그때는 아무 생각하지 않는 게 최선이었습니다. 하지만 생각하지 않으려는 것은 생각하는 것과 똑같습니다. 다이어트로 배고플 때, 평소에 좋아했던 빵을 생각하지 말아야지, 말아야지, 말아야지…. 주문을 외우는 것과 같습니다. 차라리 맛있게 먹고 다시 시작하거나, 생각날 만한 환경을 제거해야 합니다. 두려운 생각을 하지 않는 것, 나쁜 생각을 하지 않으려는 것도 같습니다. 그럴수록 더 강력한 실체가 되어 다가옵니다.

이번 글이 '두려움과 대면하라'는 값싼 처방처럼 들릴까 봐 염려됩니다. 전 의사도, 코치도, 상담가도 아닙니다. 낮토끼와 밤토끼로 만나서 이야기를 나누는 상대일 뿐입니다. 하지만 적어도 밤토끼 마음의 소리를 첫 번째 들은 사람으로서, 사람 구실은 하고 싶습니다. 무엇을 어떻게 해야 할지는 모르지만, 이렇게 글로나마 존재의 사랑을 전합니다.

그래도 다행입니다. 적의 실체가 분명히 드러났으니까요. 두려움의 가장 큰 적은 '앎'입니다. 코로나의 정체와 파급력을 모르면 두렵습니다. 그러나 실체를 분명히 알면 똑같이 불편하고 힘들어도 두렵지는 않습니다. 이런 희망고문 같은 언어 사용을 자제하는 편이지만, 오늘은 써야겠습니다. 밤토끼의 두려움은 반드시 사라집니다. 이런 예기치 않은 낮토끼 밤토끼의 글쓰기가 시작되었고, 코로나로 교육이 없는 시기에도 밤토끼가 사는 지역에서 교육들이 생겨서 만날 기회를 이어줍니다. 이럴 때 우주가 돕는다고 하지요. 전 우주를 만든 신의 섭리라고 생각합니다. 그래서 힘주어 이야기합니다.

밤토끼의 두려움은 반드시 사라집니다.

밤토끼

확실히 알게 된 것은 두려움과 불안이 항상 제게 있다는 것입니다. 엄마가 돌아가신 후 자세히 기억나진 않지만, 친할머니가 돌아가셨고 다음엔 막내 삼촌이 돌아가셨습니다. 그리고 큰이모까지 돌아가셨습니다. 20살부터 25살 사이에 가족들이 떠나는 모습을 보고 두려웠을 것입니다. 두려움을 숨기다 보니 어쩔 수 없이 몸과 마음에 증상이 나타난 것 같습니다. 그런데 여기서 아빠 이야기를 빼놓을 수 없습니다.

저는 엄마, 친할머니, 막내삼촌, 큰이모를 잃었지만, 아빠는 아내, 어머니, 동생, 가족을 잃었습니다. 이렇게 놓고 보니 할 말이 없습니다. 아빠는 아내가 죽고 나서 몸무게가 10kg 이상 빠졌습니다. 얼마나 힘들었을지 가늠이 안 됩니다.

어느 날 책꽂이를 보니 못 보던 책이 있었습니다. 뭐지? 하고 꺼내 보니 아빠의 일기장이었습니다. 읽으면 안 되지만 그냥 책을 열었습니다. 일상적인 이야기부터 우리 남매가 커가는 모습도 쓰여 있고 사무치게 아내를 그리워하는 글도 쓰여 있었습니다. 하지만 밤토끼는 더 이상 읽지 못하고 책을 닫았습니다. 빼곡히 적혀있는 글 위에는 수많은 눈물자국이 뒤덮여 있었기 때문입니다. 눈물 자국을 보니 더 이상 읽을 수 없었고 눈물만 흘렀습니다.

아빠는 주체할 수 없는 슬픔을 글로 폭포처럼 쏟아냈습니다. 그러면서 우리 남매를 14년 넘게 혼자 잘 키워내셨습니다. 아빠는 그렇게 대단한 사람이었습니다. 아빠는 감정의 높낮이가 없이 일정하게 우리를 대했습니다. 항상 이야기를 경청하고 부드럽게 해줍니다. 화가 나도 화를 내지 않습니다. 오직 우리 남매만을 생각하며 살았습니다. 아빠는 혼자서 슬픔을 감내하고 또 감내하며 살아내고 있습니다. 어떻게 하면 아빠처럼 살 수 있을까? 고민도 했습니다. 아빠를 지켜본 결과, 아빠는 빠르게 포기하거나 인정을 잘합니다. 그러면 마음이 편하다고 합니다. 하지만 밤토끼는 포기도 인정도 잘 못합니다. 계속 되뇌어 잘못을 꾸짖고 자신을 혼냅니다.

아빠와 밤토끼의 차이는 이것뿐일까요?

낮토끼

먼저 아빠의 사랑에 경의를 표합니다. 아빠도 똑같이 힘드셨습니다. 아니 어떤 면에서는 몇 배의 무게를 견뎌야 했습니다. 밤토끼의 말처럼 아내, 어머니, 동생을 잃었습니다. 아빠에게도 상실감이 있고, 두려움이 있습니다. 아빠의 두려움은 밤토끼와 동생을 홀로 세상에 남겨두는 것입니다. 다른 건 두렵지 않으셨을 것입니다. 더 용기가 나셨을지도 모릅니다. 내가 어떻게 하든 딸과 아들은 지켜 내겠다고요. 사랑하는 사람을 위해 벼랑

끝에 선 사람의 용기를 이겨낼 감정은 없습니다. 그래도 아빠는 두렵습니다. 혹시라도 둘을 남겨둘까 봐요.

아빠가 화가 나도 화를 내지 않고, 혼자 슬픔을 감내하고 또 감내한 것은 사실 감정과의 싸움이 아닙니다. 그런 감정과는 비교하지 못하는 차원의 사랑입니다. 사명이라고 거창하게 표현하는데, 사명이 있는 사람은 죽지 않습니다. 아니 죽지도 못합니다. 아빠의 사명은 참으로 간결합니다. 밤토끼와 동생. 아들과 딸이 사명입니다. 아들과 딸을 위해서 무엇을 한다는 게 사명이 아니라 아들과 딸의 존재 자체가 사명입니다. 아빠의 딸인 밤토끼가, 밤토끼의 자녀를 만나기 전에는 아직 이해하기 힘든 일입니다. 머리로는 이해해도 가슴으로 이해하기는 어렵습니다. 내 생명보다 더 귀한 존재를 만나야 온전히 받아들이게 되는 말입니다.

아빠와 밤토끼의 차이를 물었습니다. 위의 말이 저의 대답입니다. 부모의 사랑은 세상에 존재하는 가장 완전한 형태의 사랑입니다. 다른 것으로 대체하지 못하는 사랑입니다. 빨리 포기하고 인정해서 마음이 편한 건 작은 현상입니다. 본질은 엄마와 삼촌과 할머니와 이모를 너무 빨리 떠나보내고 잔뜩 움츠려 있는 아들과 딸을 향한 사랑입니다. 아빠에게도 마음 여기저기에 구멍이 있습니다. 상담받으셨다면, 장기간의 쉼이 필요하다고 처방받으셨을 것입니다. 오직 사랑으로, 그럼에도 솟구치는 감정은 일기장으로 옮기고 또 옮기셨습니다. 아빠의 일기는 감정의 수행이었습니다.

아빠처럼 빨리 포기하고, 인정하려고 노력하지 않아도 됩니다. 그건 아빠의 사랑이 만들어 낸 결과물이자, 아빠의 상황과 기질에서 선택하실 수 있는 최선이기 때문입니다. 밤토끼는 아빠가 아니고, 50년대 사람이 아니고, 다른 사람입니다. 굳이 닮으려면, 아빠의 사랑을 닮아야 합니다. 부모가 자녀에게 준 사랑보다 더 부모를 사랑하는 자녀는 없습니다. 사랑은 내리사랑입니다. 다른 밤토끼에게 내려 주면 됩니다. 밤토끼가 낳은 자녀만을 의미하지는 않습니다. 앞으로 살면서 많은 밤토끼를 만나게 될 것입니다. 아니 지금도 만나고 있습니다. 치매 진단을 받고 밑반찬을 기다리는 할아버지가 밤토끼입니다. 삶의 낙이 없이 하루를 견디는 할머니가 밤토끼입니다. 너무 오랫동안 외로워서, 이제 외로운 게 뭔지도 모르는 그분들이 밤토끼입니다.

언제고 아버지를 만나면, 존경의 마음을 담아서 말없이 안아 드리고 싶습니다. 감사의 마음으로 큰절 올리고 싶습니다. 낮토끼를 대신해서 밤토끼가 먼저 그렇게 해드리면 좋겠습니다. 아버지가 갑자기 왜 그러냐고, 떨어지라고 할 때까지 꼬옥 안아드리면 좋겠습니다. 이번 편지는 성경의 한 구절로 마무리하고 싶습니다.

'사랑 안에 두려움이 없습니다. 온전한 사랑이 두려움을 내어 쫓습니다'

+ 덧붙임
차이보다는 닮음입니다. 차이는 열등감, 피해의식, 낮은 자존감을 만들고 닮음은 자존감, 동료 의식, 동질감, 사랑으로 이어집니다. 밤토끼와 아빠의 닮음은 '쓰는 것'입니다. 아빠는 일기장에 눌러 쓰셨고, 밤토끼는 스마트폰에 씁니다. 똑같이 쓰면서 울고, 읽으면서 울고 그러면서 쓰고 또 씁니다. 아빠와 딸은 그렇게 닮았습니다. 닮음이 사랑입니다.

밤토끼

오늘 저녁 아빠가 삼계탕 처방을 내렸습니다.
맛있게 먹고 아빠를 꼭 안아주고 오려고 합니다.
사랑할 수 있을 때 맘껏 사랑하겠습니다.
그게 왜 중요한지 밤토끼는 알고 있습니다.

낮토끼

아, 그러고 보니 아버지께서 요리를 잘하시죠. 김치를 담그실 정도로요. 아빠의 사랑의 언어가 요리였나 봅니다. 맛있게 먹는 게 아빠의 사랑에 답하는 것입니다. 허리띠 풀고 그 사랑 마음껏 누리세요.

엄마 눈동자의 붉은 노을

밤토끼

나는 전날 친구들 모임의 여운을 가진 채 엄마가 있는 병원으로 향했어요. 노래를 흥얼거리면서요. 병실에 도착하니 분위기가 굉장히 싸늘했어요. 병실이 6인실이었는데 그동안 친해진 아줌마들이 '아이고, 어떡해…' 말했어요.

아빠는 내게 엄마 물건을 싸서 오라고 했어요. 난 부랴부랴 짐을 싸고 뛰어갔어요. 복도를 뛰어가는 내 모습이 아직도 생생해요. 되감기 해서 보이는 것 같아요. 그렇게 뛰어 도달한 곳은 중환자실 앞. 면회 시간이 정해져 있어서 바로 들어갈 순 없었어요. 얼마쯤 지나서 간호사가 우리 가족을 다 불렀어요. 원래 면회는 한 명씩인데 다 들어오라고 하더라고요. 문이 열리고 많은 침대 중 엄마만 보였어요. 엄마는 의료기기에 휩싸여 누워있었어요.

"엄마?"

엄마의 눈을 보니, 붉은 노을처럼 눈이 빨개져 있었어요. 눈물이 가득 차 있었어요. 손은 퉁퉁 붓고 손톱도 흰색으로 변했어요. 배는 부풀어 있었고 발등은 시퍼렇게 멍들어 있었어요. 아직도 선명하게 그 장면이 생각나요. 엄마는 가쁜 숨을 들이키며 무엇인가를 말하려고 했어요. 엄마는 굉장히 열심히 말하려 노력했지만 전달이 되지 않았어요. 간신히 힘을 내 말하려 했어요. 잘 듣진 못했지만 사랑한다고 말하는 것 같았어요. 붉게 물든 눈빛은 분명 사랑한다고 말한 거라 믿어요. 나와 동생은 엄마를 부둥켜안고 사랑한다고 계속 외쳤어요.

삐….
엄마는 돌아가셨어요.

우린 중환자실 밖으로 나왔어요. 몇 분이 지나고 엄마는 흰 천을 덮고 나왔어요. 그 흰 천을 따라갔어요. 엄마의 장례식장이 준비되는 동안 멍하니 앉아 있었어요. 아빠는 내게 집에 가서 영정사진으로 쓸 엄마 사진을 가져오라고 했어요. 난 혼자 버스를 타고 1시간이나 걸려 집에 도착했어요.

텅 빈 방. 난 정신없이 엄마의 사진을 찾았어요. 제대로 찍은 사진이 하나도 없었지만 그나마 괜찮은 사진을 찾았어요. 그 순간 눈물이 터져 나와 방바닥에 드러누워 울기 시작했어요. 오열하며 울었던 것 같아요. 한참을 울다가 사진을 가져가야 한다는 의무감에 눈물을 닦고 일어났어요. 혼자 버스를 타고 다시 연화장으로 향했어요. 다 준비가 되어있고 영정사진 액자만 비어 있었어요. 부랴부랴 인쇄해서 영정사진을 액자에 껴놨어요. 다음날 입관식에 가서 엄마 얼굴을 보고 차가워진 손을 잡았어요.

"엄마, 잘 가"

나는 담담하게 머리에 흰 리본 핀을 꽂고 검은 상복을 입었어요. 손님이 하도 많이 와서 울 시간도 없었어요. 올 사람들은 다 왔고 밤이 되자 아빠의 친구들만 남아 한쪽에서 고스톱을 치고 있었어요. 희미하게 떠드는 소리만 들렸어요. 난 혼자 엄마의 영정사진을 보고 앉아 있었어요. 엄마는 곱게 웃고 있었어요. 그렇게 한참을 바라봤어요. 다음날 엄마는 한 줌의 재로 내 품에 안겼어요. 추모의 집에 엄마를 두고 집으로 돌아갔어요.

그때부터 우리 셋이 살게 되었어요. 엄마가 돌아가시고 바로 옆 동네로 이사를 왔어요. 사람은 세 명인데 방은 두 개, 주방은 딱 한 사람 서 있을 수 있는 정도의 크기였어요. 화장실은 한 명이 서면 양손을 옆으로도 펼 수 없는 작은집이었어요. 그곳에서 10년을 살았어요.

겨울엔 너무 추워 패딩을 꽁꽁 싸매어 입고 잤어요. 너무 추우면 현관문 고리가 새하얗게 얼기도 했어요. 여름이 가장 힘들었어요. 내 방에는 냉장고가 있어서 더 더웠죠. 그야말로 찜질방 같았어요. 너무 더우면 냉장고 안에 있는 콜라 캔을 꺼내 양쪽 겨드랑이에 끼고 엉엉 울면서 잤어요. 울다가 잠이 들었다가 다시 깨요. 콜라 캔이 식었기 때문이죠.

엄마가 돌아가신 후 슬퍼할 겨를도 없이 저는 환경과의 싸움을 시작했어요. 동생은 군대와 기숙사로 몇 년은 나가서 살았지만, 나와 아빠는 10년을 살았어요. 슬픔은 내겐 사치였어요. 살아야 했으니까요. 하지만 아빠와 함께 살 수 있어서 참 다행이란 생각을 했어요. 아빠가 없었으면 그곳에서 절대로 살 수 없었을 거예요. 난 주로 그 집에서 도피하고 싶을 때, 옆 동네에 새로 지어진 아파트 놀이터에 갔어요. 그네를 타면서 답답했던 마음을 달래곤 했어요. 왜? 왜? 왜? 대답도 없는 질문을 하면서 울었어요.

서른 살이 돼서 결혼하고 그 집에서 나왔더니 죄책감에 휩싸였어요. 그런 집에 아빠랑 동생만 두고 나만 나온다는 생각이 들었어요. 밤토끼는 스무 살 이후로 행복이란 감정을 가져본 적이 없었어요. 내 삶 속 싸움이 끝나지 않으니 행복하지 않았어요.

그로부터 2년 후에 아빠와 동생은 다행히 좋은 집으로 이사를 했어요. 그때부터였어요. 마음의 짐을 덜기 시작한 건요. 그 집에서 우리 가족이 다 나온 것만으로도 마음이 편해졌어요. 어디 한 곳에 묶여 있으면 도망가기 힘들어요. 난 알아요. 내가 그랬으니까요. 묶인 것이 풀리고 다르게 사니 다른 게 눈에 보이기도 해요. 지금 밤토끼가 글을 쓰게 된 이유인가 봐요.

낮토끼

밤토끼의 가장 깊은 마음속 이야기가 나왔네요. 밤토끼가 글을 올리면 바로 읽고 쓰려고 노력해요. 처음의 약속대로 솔직한 그때의 감정과 생각을 있는 그대로 전하려고요. 그런데 이번에 '붉은 노을' 제목을 보고서는 바로 열어보지 못했어요. 직감이었나 보네요. 저는 노을 무척 좋아해요. 어려서부터 그랬어요. 노을이란 단어의 어감부터 노을이 펼쳐지는 하늘과 하루가 저물어가는 평온함을 매우 아껴요. 그런데 밤토끼의 붉은 노을은 그렇지 않을 것 같았나 보네요.

'엄마의 눈을 보니 붉은 노을처럼 눈이 빨개져 있었어요'

밤토끼의 붉은 노을에는 엄마의 눈이 있네요. 하루가 저무는 게 아니라 엄마의 일생이 마무리되는 시간이었네요. 저녁의 고즈넉함이 아니라 중환자실의 무서운 침묵이었고요. 이번 글은 생각도 손도 어떻게 해야 할지 모르겠습니다. 밤토끼는 담담하게 이야기를 풀어냈지만, 한 줄 한 단어의 무게가 저 같은 사람이 감당할 게 아닙니다.

글을 읽는 데 한 장면 한 장면이 영화를 보는 것처럼 보입니다. 아마도 밤토끼의 기억 속에 생생하게 남아 있는 이야기라서 그랬나 봅니다. 무엇보다 모든 장면에 울고 있는 어린 밤토끼가 보여서 마음이 아픕니다. 엄마의 사진을 찾는 어린 밤토끼, 홀로 버스를 타고 집에 오고 갔던 어린 밤토끼, 사진관에서 영정용 사진 인쇄를 기다리는 어린 밤토끼, 검은 상복에 흰색 리본을 꽂은 어린 밤토끼, 좁은 화장실에서 하루를 시작하는 어린 밤토끼, 패딩을 껴입고 잠드는 어린 밤토끼, 겨드랑이에 캔을 끼고 잠드는 어린 밤토끼, 그러다가 잠에서 깨 서러워 울던 어린 밤토끼, 아빠와 동생을 남겨두고 그 집을 떠나던 어린 밤토끼.

그 집을 벗어난 것은 이사로 설명할 수 없습니다. 묶여 있던 과거의 시간과 위의 수많은 밤토끼를 이제는 보내주는 시작입니다. '마음이 편해졌다'는 밤토끼의 말, '다른 게 눈에 보인다'는 밤토끼의 말, '글을 쓰게 된 이유가 나왔다'는 밤토끼의 말이 시작입니다.

'엄마가 돌아가신 후 슬퍼할 겨를도 없이 저는 환경과의 싸움을 시작했어요'

상실감과 두려움을 말했던 적이 있는데 오늘 보다 근본적이고 즉각적인 이유를 찾았습니다. 아픔을 치유 받고 몸이 회복하기 위해서는 그만한 환경이 필요합니다. 산과 바다로 여행을 떠나는 이유는 괜한 멋이 아니라 몸이 원하기 때문입니다. 그런 분리된 시간과 공간에서 나는 다른 관점과 시선을 가지게 되고, 몸은 쉬게 되고, 그 힘으로 지난 시간의 찌꺼기들이 버려집니다. 그런데 밤토끼는 그런 시간과 공간이 없었습니다. 오히려 더 큰 현실적인 싸움이 시작되었습니다. 엄마를 갑자기 떠나보낸 상실감과 사랑하는 사람이 불현듯 떠날 것 같은 두려움이 좁은 화장실, 얼음 같은 방바닥, 찜질방 같은 방 공기와 섞여서 땀이 눈물이 되고, 눈물이 땀이 되었습니다.

'슬픔은 내겐 사치였어요. 살아야 했으니까요'

가난한 사람에게는 모든 게 사치입니다. 비싼 옷과 음식만 사치가 아니라 잠깐의 여유도, 파란 하늘을 보는 것마저도 사치입니다. 땀과 눈물이 뒤엉킨 어린 밤토끼는 살아야 했습니다. 슬픔을 눈물로 보낼 시간과 공간이 필요한데, 그럴 수 없이 오늘을 살아내야만 했습니다. 엄마를 보낸 상실감에 큰이모의 죽음이 두려움을 더했다면, 슬픔도 사치로 만들어 버리는 환경은 모든 감정과의 작별을 고했습니다. 밤토끼는 표현을 못 하는 게 아니라 표현할 수 없는 환경에 갇혔습니다.

지난번 글에 두려움이 사라질 것이라 감히 말했습니다. 그 시작을 오늘 확인합니다. 그곳에 묶인 것들이 밤토끼의 이사로 풀리기 시작했습니다. 물론 처음에는 죄책감이 컸지만, 죄책감은 밤으로 가지 않고 아침으로 가는 버스입니다. 요즘 세계사를 관심 있게 읽고 있습니다. 세계사를 전쟁의 역사라고 합니다. 더 정확히 말하면, 생존의 싸움입니다. 우리 같은 서민들은 지독한 가난과의 싸움이었습니다. 가난과의 싸움에서 이기지 못한 어떤 나라와 정권과 이념도 역사에서 사라졌습니다. 그 한계를 명확히 알고 있는 자본주의가 그래도 살아남는 이유는 밥을 주기 때문입니다. 있는 사람과 없는 사람의 엄청난 차이에도 불구하고 그래도 밥을 주니까요.

상실감, 두려움, 가난이 순서대로 이어졌습니다. 이제 반대로 변화될 것입니다. 가난이 평범함으로, 두려움이 기대로, 상실감이 풍족함으로 채워질 것입니다. 기대와 풍족함이 가득한 삶을 산다는 의미는 아닙니다. 왼쪽으로 급격히 기울었던 배가 다시 오른쪽으로 균형을 찾는 것입니다. 기울어진 채로 어디로 향할지 모를, 언제 가라앉을지 모를, 가라앉기만을 바라던 배가 이제 원하는 곳을 향해 항해를 시작할 수 있을 것입니다. 당분간은 균형을 잡느라 혼란이 조금은 있겠지만요. 좌로 기울어진 배를 가운데로 세우려면, 반대로 넘겨야 하니까요. 그런 오뚜기 같은 흔들림 중에 균형을 잡게 됩니다.

배가 균형을 잡으면 항해를 시작하면서 어디로 갈지를 정하고 항해를 시작하겠죠. 우선은 그런 생각하지 말고 균형 잡힌 배에서 파도와 하늘이 주는 여유를 만끽하면 좋겠습니다. 사랑하는 사람들과 선상에서 맛있는 것도 먹고, 차를 마시며 풍경도 즐기고 말입니다. 그러다 보면 저 멀리서부터 하늘이 조금씩 붉게 물들 거예요. 그 붉은 노을에는 눈물이 가득 찬 엄마의 빨간 눈 대신에 사랑한다고 말하는 세상에서 가장 따뜻한 눈이 보일 거예요. 엄마의 품 같은 붉은 노을 아래에서 사랑하는 사람들의 손을 잡고 서 있는 밤토끼의 뒷모습이 그려집니다.

밤토끼

'가난이 평범함으로, 두려움이 기대로, 상실감이 풍족함으로 채워질 것입니다' 이 말이 너무 좋습니다. 그랬으면 좋겠습니다.

30년 동안 깊은 꿈을 꾼 것만 같아요. 아주 깊은 꿈이요. 그 꿈에선 행복했고, 사랑했고, 사랑받았고, 기도했고, 간절했고, 기다렸고, 이별했고, 슬퍼했고, 포기했고, 아파했고, 불행했어요. 무의식적으로 저에게 이제 행복은 없다고 생각했어요. 그래서 그동안 행복한 감정을 못 느꼈어요. 사실 아직도 뭐가 행복한 건지 잘 모르겠어요. 어떤 게 행복한 감정인지 모르겠어요. 알고 싶어졌어요. 진짜 행복한 감정을요.

지금까지 전 항상 공상하며 스트레스를 풀었어요. 비현실적인 것에 대한 상상으로 부족함을 채워나갔어요. '엄마는 죽은 게 아니고 인천 이모네에 있는 거야. 잠시 우린 떨어져 있는 거야. 이번 주 토요일엔 만날 수 있을 거야'라고요.

그 순간은 위안받아요. 이렇게 현실에선 채워지지 않는 꿈을 꿔요. 길을 걷다가 다정한 모녀가 신호등을 기다리는 모습을 보면, 나도 엄마와 함께 신호등을 기다리는 상상을 해요. 엄마의 옷을 사주는 모습을 상상해요. 카페에서 사소한 이야기를 나누는 모습을 상상해요. 여행을 함께 다니는 모습을 상상해요. 엄마의 웃는 모습을 상상해요. 상상 속에서 저는 웃고 있어요. 현실에서 도피하고 싶을 땐 상상 속 한 페이지를 선택해서 생각해요. 이젠 현실에서도 균형을 잡고 즐기려고 노력해 볼 거예요.

낮토끼

상상을 현실 도피로만 치부할 게 아닙니다. 상상은 어떤 때는 상상할 수 없는 현실을 이겨내는 힘이 됩니다. 빨간 머리 앤이 생각나네요. 세상에 홀로 버려진 앤을 견디게 한 힘은 상상이었어요. 상상은 최악의 상황을 다른 세상으로 만들었지요. 밤토끼의 상상처럼요. 뜬금없는 이야기지만, 그런 의미에서 염색하는 건 어때요? 빨간 머리, 노란 머리는 아니어도요.

밤토끼

재밌네요. ㅎㅎ 궁금한 게 있어요.
낮토끼가 생각하는 행복은 어떤 건가요?
언제 가장 행복해요?
행복할 때 어떤 감정이 드나요?
행복해지면 어떤 것들이 더 나아지나요?

낮토끼

예전에는 행복을 감정의 영역에서 찾았던 것 같아요. 지금도 행복에서 감정은 중요한 영역이긴 한데, 더해진 게 있어요. '상태'입니다. 조금 더 정확하게 표현하면, 무엇인가에 집중하는 상태예요. 물론 그 집중하는 상태가 나쁜 일이거나, 기분 나쁜 감정이면 안 되고요. 예를 들면, 전 글쓰기에 집중하는 상태가 행복이에요. 시간 가는 줄 모르는 상태. 시간이 너무 빨리 흘러가는 상태요. 청년들과 커피 한잔을 할 때, 특히나 청년들의 연애 이야기를 들을 때가 그래요. 반대로 도무지 집중이 안 되고 시간이 안 가는 지루한 회의나, 식상한 주제의 의례적인 만남, 의무 교육은 그런 의미에서 불행이지요.

그렇게 집중하는 상태와 좋은 감정이 만나는 지점을 '행복'이라고 부르고 싶네요. 아이들이 소꿉놀이에 시간 가는 줄 모르고, 배고픈 것도 잊는 그런 상태요. 그래서 진짜 행복할 때는 내가 행복한지, 불행한지 그런 질문조차 떠오르지 않는 게 아닐까요? 이미 집중하고 있고, 이미 빠져 있으니 그런 생각이 들 리 없죠.

집중 후 누리는 일상도 행복이에요. 글쓰기에 집중한 하루, 퇴근 후 가족과 함께 먹는 저녁이요. 아내와 함께하는 산책, 아이들과 게임을 하는 시간, 잠자기 전 가족이 모여 기도하는 시간. 매일 반복되는 일상이 내가 집중하고 나면 더욱 풍족하게 느껴져요. 열심히 일한 사람에게 휴식이 더욱

달콤한 것처럼요. 일이 없으면 휴식도 없어요. 낮이 없으면 밤이 없는 것처럼요.

행복하면 특별히 나아지는 것이 없어요. 나아진다는 표현에는 어떤 변화가 있어야 한다는 소망이 들어 있는 것 같아요. 근데 행복은 나아지지 않아도 되는 거예요. 지금이 좋으면 굳이 다른 필요가 생기지 않아요. 굳이 무엇을 하지 않아도 되고요. 더 잘살기 위해 고민하지 않아도 되고요. 지금이 풍족하고 편안하니까요. 그래도 좋은 점이라면, 의미 없어 보이는 일상에 의미를 부여하는 힘이 생기는 것 같아요. 여유가 있어야 가능한 일이 있잖아요. 내가 만족하면 주위를 여유로운 시선으로 보고 받아 주겠죠. 주위 사람들도 그렇게 받아주고요. 무엇보다 나를 그렇게 여유 있게 대하지 않을까요?

행복은 너무 어려운 주제네요. 저에겐 과한 주제예요. 행복이 감정의 영역으로 축소되지 않으면 좋겠어요. 행복이 특별한 지향점이나 목표가 되는 건 더욱 아닌 것 같고요. 행복? 저도 모르겠어요. 근데 요즘 밤토끼와 글을 나누는 시간이 좋아요. 이런 것도 행복 아닐까요? 누군가와 마음을 나누고, 글을 쓰고, 교류할 수 있는 건 누구나 할 수 있는 건 아니니까요.

말했으면 못 버텼을 거야

밤토끼

갑자기 생각난 장면이 있어요. 엄마가 입원과 퇴원을 반복하는 동안 저와 동생은 엄마의 병명을 몰랐어요. 그냥 많이 아픈 줄만 알았어요. 엄마가 퇴원하고 몸이 좀 좋았을 때 우린 외식을 했어요. 맛있게 먹고 집으로 돌아오는 차 안에서 엄마는 갑자기 호흡이 가빠지고 정신을 잃어갔어요. 집 앞에 차를 세워두고 엄마를 흔들어 깨웠어요. 아빠는 제게 엄마를 깨워보라고 말하고 119에 전화했어요. 나는 엄마를 깨웠지만 엄마는 일어나지 않았어요. 놀란 마음에 아빠에게 뛰어갔는데 아빠가 구급대원과 이야기하는 걸 들었어요.

"여기 간암 말기 환자가 쓰러졌습니다"

간암 말기? 듣자마자 놀라서 다시 엄마 곁으로 갔어요. 동생이 엄마 옆에서 울고 있었어요. 몇 분 후 구급차가 와서 엄마와 아빠를 태우고 갔어요. 나랑 동생은 병원으로 가려고 65번 버스를 탔어요. 뒷좌석에 동생이랑 앉아 엉엉 울기 시작했어요. 40분 동안 버스 안에서 울었어요. 병원에 도착해 엄마를 만났어요. 엄마는 다행히 괜찮았어요. 함께 집으로 돌아왔어요.

간암 말기? 왜 그런 무서운 병이 우리 엄마에게 찾아왔을까? 아빠는 왜 우리한테 말 안 해준 거지? 그동안 뭐 한 거지? 이런 생각이 들면서 화가 났지만, 저도 아빠와 똑같이 동생에게 말하지 않았어요. 동생이 알면 너무 힘들어할 것 같았어요. 나중에 아빠에게 물었어요.

"왜 엄마가 간암 말기인 거 말 안 했어?"
"그거 너희한테 말해서 뭐 해. 말했으면 못 버텼을 거야"

사람을 떠나보낼 준비를 할 수 있게 해주는 것이 맞나? 아니면 모르고 잘 지내는 것이 맞나? 뭐가 맞는지는 모르지만, 아빠는 후자가 맞다고 생각했나 봐요. 만약 내가 미리 알았더라도 크게 달라질 건 없었을까요? 아쉬움이 남아요.

낮토끼

오늘 문제가 수학능력 시험처럼 객관식이라면, 전 말해야 한다고 하겠어요. 중학생 이상의 자녀라면 말해야 합니다. '버티고 못 버티고'보다 '알고 모르고'가 더 중요한 문제여서 그렇습니다. 아버지의 말씀처럼 못 버텼을 수도 있습니다. 그런데 반대로 더 잘 버텼을 수도 있습니다. 그건 다음의 일입니다.

우리는 상대를 배려하는 마음을 담아서 행동할 때가 있습니다. 아픔을 참습니다. 고통을 혼자서 견딥니다. 그런데 진짜 배려는 그렇게 내가 아픔을 감내하는 게 아니라 상대에게 물어보는 것입니다. 나의 배려가, 배려가 아닐 수도 있습니다. 상대를 즐겁게 하는 것만 배려가 아니란 말입니다. 때론 아이가 넘어져도 잡아주지 않는 게 배려가 됩니다. 그런 배려로 아이는 일어서게 되고 걷게 됩니다. 사실 잡아주지 않고 지켜보는 마음이 더 아프고 안타깝습니다.

아버지께서 조금 일찍 말씀해 주셨으면 하는 안타까움이 있습니다. 알게 된다고 울음이 그치지는 않습니다. 그러나 적어도 따로 울지는 않습니다. 같이 울겠지요. 그렇게 같이 울고 웃고 보듬는 시간이 중요합니다. 굳이 이별을 준비하는 시간이라고 거창하게 이름을 붙이지 않아도, 모든 살아 있는 것들에는 그런 소중한 시간이 필요합니다.

엄마를 떠나보낸 상실감, 엄마를 닮은 이모의 죽음으로 굳어진 두려움, 슬픔과 애도를 사치로 만든 가난이 밤토끼의 깊은 방을 가득 채웠는데, 오늘 방 하나를 더 발견했습니다. 아쉬움과 원망의 방입니다. 조금 더 일찍 알았더라면 조금 더 슬픔을 나눌 수 있지 않았을까? 아쉬움이 있습니다. 아쉬움은 원인을 찾게 되고, 원인을 탓합니다. 아쉬움이 쌓이면 원망이 됩니다. 아빠는 그런 원망의 대상이자 사랑의 대상입니다. 아빠를 이해하는 마음과 원망의 마음이 동전의 앞뒤가 되어 구릅니다. 원망은 아빠만을 지목하지 않습니다. 그것을 몰랐던 자신에게도 향합니다. 아빠에게 향했던 원망은 이해와 사랑으로 누그러지지만, 나를 향한 원망은 죄책감이 되고 자존감에 상처를 줍니다.

그러나 지금 제가 하는 이야기는 모두 결과입니다. 지금의 젠더 감수성으로 조선시대를 살피면, 모두가 처벌받아야 합니다. 아니 멀리 갈 것도 없습니다. 20년 전만 해도 모든 게 문제가 됩니다. 결과론적으로 아버지가 말해 주시는 게 좋았다고 말할 수는 있지만, 아버지는 아버지의 위치와 환경에서 최선의 선택을 하신 것입니다. 젊은 날 더 젊은 아내를 보낸 남편으로, 두 아이의 아빠로 누구보다 치열하게 고뇌한 몸부림의 결과물입니다. 그래서 아버지의 선택을 지금 저 같은 사람이 평가하지 못합니다. 하지만 밤토끼는 다릅니다.

평가라는 표현은 부정적이니 밤토끼는 구분했으면 좋겠습니다. 사랑하는 사람의 잘못을 눈감는 게 사랑이 아니라 그럼에도 불구하고 사랑하는 게 사랑입니다. 세상에 아빠 같은 분이 또 있을까 싶습니다. 아빠는 아빠의 인생을 밤토끼와 동생과 바꿨습니다. 그런 아빠에게 어떤 아쉬움의 소리를 할 수 있겠습니까? 그것을 부정하라는 게 아니라 아빠도 우리와 같은 실수 많은 사람이란 것을 받아들이면 좋겠습니다. 아빠를 세상에서 가장 훌륭한 사람이자 동시에 세상 사람들과 똑같은 사람으로 받아들이면 좋겠습니다. 그러면 아빠에게 투정도 부리고, 아쉬움도 이야기하고, 때로는 잔소리도 하게 됩니다. 그런 것을 평범함이라고 합니다.

이제 그동안 누리지 못하던 평범한 일상이 펼쳐집니다. 여전히 엄마는 안 계시고, 감정의 폭탄이 언제 터질지 모릅니다. 그러나 달라진 것도 많습니다. 가난의 질긴 끈이 연결된 곳에서 밤토끼도 아빠와 동생도 나왔습니다. 대학원도 졸업했고, 결혼도 했고, 취직도 했고, 회사에서 승진도 했습니다. 과거의 일과 남겨진 감정만 아니라면 누구의 눈에 보기에도 평범한 가족입니다.

평범함을 거부하는 감정의 속삭임에 말해주면 좋겠습니다. 그동안 오랜 시간을 함께해줘서 고맙지만, 이제 일상으로 돌아갈 때가 되었다고요. 너희들이 싫어서가 아니라 환경이 바뀌었고, 이제는 전쟁이 끝났다고요. 그 감정들을 나쁘다고 말하지 말고, 이제 그만이라고 말하지 말고, 억지로 벗어나려 하지 말고, 그렇게 천천히 지난 감정들과의 작별 시간을 가지면 좋겠어요.

2장

살아야 했다

잠시 찾아온 거야.
나그네 같은 거야.
나그네야. 곧 떠날 거야.
괜찮아질 거야.
이렇게 연습 잘하고 있어요.

나그네야 곧 떠날 거야

밤토끼

오늘 아침에 손을 데었어요. 엄청 뜨거워서 화들짝 놀랐어요. 곧바로 흐르는 물에 손을 갖다 댔어요. 따갑고 아파서 '어쩌지? 어쩌지?' 하며 인터넷에 화상 입었을 때의 대처법을 찾아 읽었어요. 빠른 시간에 대처법을 찾았어요. 이렇게 잘 찾을 수 있는데 왜 내 마음 아픈 건 살피지 않고 대처하지 못했을까?

손을 덴 것처럼 마음 데인 것을 대처했다면 더 나았을 것이란 생각이 들어요. 오늘 퇴근하는 길에 갑자기 또 숨이 막혀 왔어요. 그런데 예전에는 공포에 휩싸이기만 했다면 지금의 밤토끼는 달라요.

아…. 잠시 찾아온 거야. 나그네 같은 거야. 나그네야. 곧 떠날 거야. 괜찮아질 거야. 이렇게 연습 잘하고 있어요.

낮토끼

비가 오는 아침에 아들과 둘이 카페에 왔어요. 출판단지에 우리 집 아지트 카페가 있어요. 카페 이름이 '종이와 나무'인데 어감도 좋고, 커피도 싸면서 맛있고, 넓고 사람이 많지 않아서 좋아요. 특별한 일정이 없거나 오늘처럼 비가 오는 날에는 이렇게 와 있네요. 첫 번째 책도 여기서 거의 다 썼어요. 이미 정 붙인 카페여서 그런지 여기 오면 마음이 편해요. 꼭 뭘 안 해도 되고, 책 보다가, 차 마시다, 풍경 보다가 자리를 뜨곤 해요. 오늘 여기에 밤토끼의 글이 더해지니 더 좋네요.

손을 데었을 때 바로 대처했던 것처럼, 마음도 살폈다면 좋았겠죠. 조금만 생각하면 당연한 일인데, 이게 쉽지 않아요. 눈에 보이지 않으니까요. 사실 우리가 원하는 건 눈에 보이는 것들이 대부분이죠. 보는 것은 예민해서 시각훈련은 잘 되어있는데 상대적으로 다른 감각이 퇴화했나 봐요. 특히 오감을 벗어난 감각은 거의 제자리예요. 오감보다 더 중요한 역할을 하는데도 말이죠.

마음을 살펴야겠다는 생각만으로 이미 다른 감각이 살아난 거예요. 이제 배우고 익히면 됩니다. 인터넷으로 화상 대처법을 찾아서 익힌 것처럼요. 작지만 큰 한 걸음을 내디딘 겁니다. 열심히 하는 것보다 잘하는 게 중요하다는 말이 있죠. 오늘 밤토끼의 행동에 제일 잘 어울리는 말이네요. 잘못된 길인지 알면서 아무리 걱정하고 다른 길을 알아봐도 소용없어요. 멈춰서 유턴해야죠. 밤토끼는 유턴했네요.

숨 막히는 감정을 나그네라고 했죠. 문제를 객관적으로 바라본다는 증거예요. 내 문제는 해결 못 하면서 남의 문제는 잘 해결해 주는 것은, 문제를 제삼자의 시선으로 객관화시켜서 그래요. 바둑이나 장기를 둘 때도 훈수를 두면 자기 실력 이상이 되는 것처럼요. 밤토끼와 분리되지 않던 감정과 생각이 이제 떠나려나 봐요. 상담이나 약으로도 안 되는 일을 밤토끼가 단어 하나로 해결했어요. '나그네'

선택의 문제로 고민하는 청년을 만날 때가 있어요. 결국 A이냐 B이냐 둘 중의 하나 답을 알려달라는 건데, 듣고 보면 뭐를 선택해도 마찬가지예요. 선택의 당사자가 준비되어 있지 않아서요. 선택해도 문제고, 안 해도 문제예요. 그런데 당사자가 준비되면, 뭐를 선택하든지 괜찮아요. 이미 선택의 위험을 감내할 준비가 되어서요.

밤토끼의 '나그네'도 그래요. 과거였다면 나그네가 없어도 문제, 있으면 더 큰 문제였죠. 이제는 그렇지 않아요. 나그네가 있어도 없어도 괜찮아요. 그러니 또 나그네가 찾아오면 지금처럼 '빨리 떠나!'라고 하지 말고, 억지로 보내지 말고, 나그네처럼 대해줘요. 어차피 오고 갈 사람이니까요.

누군가 넌 언제 제일 좋냐고 묻는다면, 카페에서 차를 마시고, 책을 보는 것이라 말해요. 이런 취향을 빼면 단연 누군가의 성장을 함께하는 것이라고 말해요. 성장이 꼭 어떤 발전을 말하는 건 아니고요. 그런 의미에서 밤토끼는 요즘 저의 일상의 가장 큰 기쁨이자 만족이자 복지네요. 처음 만났던 그 시절부터 밤토끼는 자신만의 방법으로 자~알~ 살고 있어요. 더욱이 요즘은 훌쩍 더 커버린 것 같아요. 그런 밤토끼가 고마워요.

밤토끼

요새 매일 챙겨보는 드라마가 있어요. '사이코지만 괜찮아' 낮토끼는 드라마를 잘 모르겠지만, 제목만 봐도 왠지 느낌은 알겠죠? 드라마의 대사를 들으며 많이 울기도 했어요.

'아프고 고통스런 기억. 처절하게 후회했던 기억. 남을 상처 주고 상처받았던 기억. 버림받고 돌아섰던 기억. 그런 기억들을 가슴 한구석에 품고 살아가는 자만이 더 강해지고 뜨거워지고 더 유연해질 수가 있지. 행복은 그런 자 만이 쟁취하는 거야. 그러니 이겨내. 잊지 말고 이겨내. 이겨내지 못하면 너는 영원히 자라지 않는 어린애일 뿐이야'

이 대사가 제일 기억에 남아요. 나는 더 강해지고, 더 뜨거워지고, 더 유연해질 수 있어요. 내 마음이 그렇게 하길 원해요. 행복을 쟁취할 거예요.

실컷 행복할 거야

밤토끼

8월 3일로 넘어오는 새벽 12:31.
혼자 소파에 앉아서 쓴 글.
사이코지만 괜찮아 대사 중에서.

"너 요즘 괜찮아? 난 이상하게 너만 보면 괜찮냐고 묻고 싶네"
"괜찮아요. 괜찮을 거예요. 엄마에게 미안하지만"
"그게 뭐 개뼈다귀 같은 소리야. 부모한테 미안해서 지 행복 포기하는 자식이 천하의 불효자식이지. 효도한다 생각하고 앞으로 실컷 행복해져"

낮토끼도 비슷한 이야기를 제게 해주셨어요. 낮토끼의 글을 읽고 드라마 대사를 들으며 많이 깨닫고 이해하고 다시 생각하는 시간을 갖네요. 밤토끼는 매년 엄마 기일 제사 때 향을 피우고 절을 하면서 마음속으로 항상 똑같은 말을 해요.
"엄마 잘 지내? 거기서 아프지 말고 행복하게 잘 살아. 꼭 행복해. 행복해"

이번 8월에 있는 기일에는 꼭 이렇게 말하려고요.
"나 꼭 행복할 거야. 실컷 행복할 거야. 행복해서 매일 웃을 거야"

+ 덧붙임

아파트 단지 안에 있는 헬스장을 한 달 치 끊었어요. 오늘은 러닝머신 30분, 자전거 15분밖에 못 했어요. 체력이 진짜 저질이에요. 근데 얼굴은 새빨개요. ㅋㅋ 누가 보면 운동 몇 시간 한 사람인 줄 알 거예요. 지금은 잘 못하지만, 꾸준히 해보려고요. 러닝머신 위에서 걸으며 멍도 때려보고요. 그러면 언젠가는 체력도 좋아지고 생각도 좋아지겠죠.

낮토끼

'그게 뭐 개뼈다귀 같은 소리야. 부모한테 미안해서 지 행복 포기하는 자식이 천하의 불효 자식이지. 효도한다 생각하고 앞으로 실컷 행복해져'

시간 차를 두고 오프라인과 온라인에서 이렇게도 똑같은 말이 밤토끼에게 들릴 수 있나 싶네요. 신의 음성이란 것이 있어요. 신은 세상 만물을 통해 인간에게 말한다는 거예요. 대표적인 게 사람입니다. 신의 음성은 가까운 사람을 통해서, 혹은 의외의 사람과 별 중요하지 않은 대화 중에 들려요. 다음으로 자연과 책과 미디어를 통해서도 들리죠. 이번에는 드라마였네요. 드라마에 신의 음성이 담겼네요. 기회가 된다면 그 드라마를 한번 보고 싶네요. 제목부터 끌리는 드라마인데, 밤토끼 이야기를 들으니 더 보고 싶어집니다. 특히 위의 대사 중에서는 '개뼈다귀 같은 소리야'가 가장 기억에 남습니다.

'너 요즘 괜찮아? 난 이상하게 너만 보면 괜찮냐고 묻고 싶네'

제가 하고 싶은 말을 드라마 작가가 꼭 짚어 냈어요. 이유는 모르지만, 밤토끼를 처음 만났을 때부터 그랬던 것 같아요. 차이라면 전 드라마 작가처럼 멋진 대사는 못 하고, 놀렸던 것 같아요. 밤토끼를 만난 것, 이렇게 같이 글을 주고받는 것, 참 인연이란 생각이 듭니다.

인간의 사유가 깊어지면서, 역설적으로 잃어버린 게 있는데 '몸'이에요. 이상하죠? 인간은 몸인데, 몸을 빼고 생각한다니요. 형이상학적인 고도의 정신세계만 강조되다 보니 원초적인 몸의 언어에는 소홀했던 것이죠. 그런데 몸은 우리 생각만큼 간단하지 않아요. 단순히 단백질 덩어리와 세포의 연결로 설명할 수 없는 신비예요. 몸이 곧 정신이고, 정신이 곧 몸이에요. 우리 선조들은 심지어 몸에 감정이 있다고 생각했어요. 기쁨의 감정은 심장에, 슬픔의 감정은 신장에, 두려움의 감정은 간에 있다고 생각했죠.

그래서 심장이 약하면 기쁨을 잘 못 느끼고, 간이 안 좋으면 두려움이 많다고 생각해서 감정을 치료할 때도 심장과 간을 보호해주는 약을 썼죠.

오늘 글의 헬스장 한걸음에 격한 박수와 환호를 보내요. 출발점을 제대로 잡았어요. 몸이 건강해지는 만큼 마음과 생각도 튼튼해져요. 저질 체력은 저질 마음, 저질 생각과 똑같은 말이죠. 오늘은 저도 밤토끼 말에 자극받네요. 저도 운동을 시작할게요. 조금씩 하다가 코로나 핑계로 소홀히 했더니 요즘 체력이 말이 아닙니다. 피곤이 풀리지 않았는데 피곤이 또 덮치네요.

좋은 소식 하나는, 몸은 정직해서 절대로 거짓말을 하지 않는다는 거예요. 과장하지도 축소하지도 않아요. 있는 만큼 적나라하게 말합니다. 우리 당분간 몸의 힘을 길러요. 밤토끼건 낮토끼건 시름시름 앓는 토끼가 되지 말아요. 낮이건 밤이건, 어디 있든지, 무슨 일을 하든지 건강한 토끼들이 먼저 되도록 해요.

어디론가 떠나고 싶어요

밤토끼

밤토끼에게 추천해 줄 여행지가 있나요?

몇 가지 조건을 적어본다면
첫째, 밤토끼의 운전 실력으로 갈 수 있는 곳
둘째, 숲과 걷기와 쉴 수 있는 멋진 카페가 있는 곳

낮토끼가 갔던 곳 중 가볼 만한 곳 추천해 주세요. 어디론가 떠나서 걷고 사색하고 멍도 때리고 글도 쓰고 그림도 그리고 싶어요.

낮토끼

부산 가는 비행기 안에서 밤토끼의 글을 읽었어요. 이번 글은 신선했어요. 예상하지 못한 질문이어서요. 그동안의 질문과 다른 내용과 분위기네요. 낮토끼가 어디론가 떠나서 걷고 사색하고 멍도 때리고 글도 쓰고 그림도 그리고 싶다는 말이 참 좋네요. 가장 좋았던 부분은 말미의 '싶어요'였어요. 싶다는 것은 누구나 할 수 있는 말이 아니에요. 살아 있는 사람이, 살아가는 힘이 있는 사람이 할 수 있는 말이죠. 너무 지친 사람은 하고 싶은 게 없어요. 절망의 절벽 끝에 선 사람도, 문제에 깊이 빠진 사람도, 복잡한 갈등에 묶인 사람도 하고 싶은 게 없죠.

기꺼이 추천해 주고 싶은 곳이 많은데, 첫 번째 조건에서 반 이상의 추천지가 날아갔네요. 밤토끼의 운전실력을 고려하면 전국에서 경기도로 급격히 선택지가 줄어들어서요. 그래도 최선을 다해 추천해 볼게요.

#. 송도
멀지 않고 공원과 호텔과 카페가 있는 곳
호캉스로 송도에 있는 호텔에서 하룻밤 자면서 카페랑 공원 이용하기
무더운 여름이라 산책할 곳을 추천하기 어려워요.
저녁 먹고 도심 산책을 추천해요.

#. 북한강

서울~춘천 고속도로 서종 IC로 나오면 강변에 좋은 카페들이 많아요.
테라로사 서종이 유명하죠. 근데 사람이 많아서 비추네요.
여기 말고도 북한강변을 따라서 카페들이 즐비해요.
너무 유명한 곳 가지 말고 적당한 곳 검색해 봐요.
차 한잔에 글 쓰고 그림 그리기 좋은 곳 많아요.

#. 파주 출판도시

도시 이름이 출판도시여서 어디를 가도 책이 있는 곳이죠.
카페들도 많고요. 처음이라면 지혜의 숲 한번 들르고요.
종이와 나무라는 카페 추천해요. 글쓰기 좋아요.

#. 휴양림

여름에 산책하기가 더워서 힘든데 그나마 휴양림 산책 데크가 딱이죠.
경기도에 있는 휴양림 중에는 양평 근처의 유명산과 산음자연휴양림 추천해요.
근데 요즘 코로나로 숙박하지 않는 관람객을 받는지는 모르겠네요.
휴양림 근처에 카페 검색해서 커피 한잔도 좋구요.

일단 생각난 곳은 네 가지 옵션이네요. 또 생각나면 업데이트할게요. 밤토끼는 글도 좋지만 그림도 잘 어울려요. 커피 한잔하면서 글 끄적이고 그림 그리는 밤토끼가 그려지네요.

✦
상상, 살아가는 힘

밤토끼
___

8.10(월) 새벽 12시. 주말 푹 쉬고 자기 전 침대에 누워서 무슨 글을 써볼까 고민하다가 문득 생각나는 글을 써요.

초등학생일 때 엄마랑 목욕탕에 가는 길이었어요. 도로 끝에서 양팔을 벌려 일자로 걷기 놀이에 푹 빠졌어요. 엄마는 내 뒤에 서 있고요. 목욕탕에 도착할 쯤에 큰 덤프트럭이 우회전하면서 저를 칠 뻔했어요. 깜짝 놀라 멍하니 서 있었어요. 덤프트럭 아저씨는 뛰어 내려와 내게 소리를 질렀어요.

"여기서 뭐 하는 거야! 위험하게"

나는 우물쭈물 아저씨가 혼내는 걸 듣고만 있었어요. 엄마는 다가와 죄송하다고 했지만, 아저씨는 더 고래고래 소리를 질렀어요. 그러자 엄마가 말했어요.

"왜 소리를 질러. 분명 죄송하다 사과했어. 근데 왜 계속 소리를 지르는데? 도로 끝이긴 하지만 도로 위에 서 있었고, 당신이 과속하면서 우회전 했잖아"

엄마보다 덩치도 크고 무섭게 생긴 아저씨였는데, 엄마도 불같이 화를 냈어요. 그러자 아저씨는 "어이구" 말하며 떠났어요. 나는 진짜 엄마한테 혼나겠다 싶어서 고개를 숙이고 있었어요. 엄마는 아무 말 없이 내 손을 잡고 가던 길을 갔어요. 목욕이 끝나고 시원한 바나나 우유와 호떡을 사줬어요. 그땐 안 혼나서 좋았는데, 지금은 엄마가 왜 날 안 혼냈는지 궁금해요.

비슷한 일이 중학생 때도 있었어요. 저는 마이마이 오디오를 들으며 신나게 걸어가고 있었어요. 엄마는 내 뒤에서 천천히 걸어오고 있었고요. 마이마이에서 흘러나오는 노래가 신이 나서 흥얼거리고 있었는데, 검은색 차가 내 옆에 섰고 창문이 내려왔어요. 운전석에는 검정 정장 입은 남자가, 조수석에는 무지개 쫄티를 입은 남자가 일수 가방을 들고 앉아 있었어요. 조수석에 앉은 아저씨가 무섭게 쏘아 보면서 말했어요.

"니 내한테 욕했지?"
"아뇨. 노래 듣고 있었어요"
"너 나한테 욕했잖아, 뒤지고 싶나?"

나는 우물쭈물하며 서 있었어요. 그때 엄마가 와서 말했어요.

"얘가 노래 듣다가 흥얼거린 걸 오해했나 봐요. 죄송해요. 가던 길 가세요"

엄마 이야기를 들은 아저씨는 "니 앞으로 조심해라" 말하고 떠났어요. 엄마는 별 말없이 나를 데리고 집으로 갔어요. 나는 종종 혼날 짓을 했는데 엄마한테 한 번도 혼난 기억이 없어요. 내가 혼자 화나서 문도 '쾅쾅' 닫고 엄마 말을 안 들어도 엄마는 그때마다 그냥 넘어가 주고 내게 따뜻한 밥을 주고 팔베개해주며 안아줬어요. 드넓은 엄마의 품에서 살다가 스무 살에 엄마가 떠나니, 나를 진정으로 사랑하고 이해해주고 지켜주는 엄마가 없다는 사실이 큰 충격이었어요. 세상 살면서 많이 혼나고 상처받을 때는 매일 엄마에게 안기는 모습을 상상해요.

그때부터였어요. 상상하는 것. 상상하면 안전하다는 생각이 들고 그러면 잠이 왔어요. '안전'은 내 인생에서 가장 중요한 의미가 있어요. 근데 그 안전이 요즘 흔들려서 갈피를 못 잡았어요. 누구나 불안정하지만 나는 그걸 참지 못하는 사람이에요. 그래서 요즘 안전이라는 것에 대해 내 생각을 정리하고 있어요.

쓰다 보니까 무슨 말을 한 건지 모르겠지만 지우진 않을게요.
그런데 눈물은 계속 나네요.

낮토끼

라디오에서 들었던 기억이 있어요. 인터넷에서 전세계 사람들이 가장 많이 검색한 단어가 '엄마'라고요. '사랑'이 그다음인가 그렇고요. 둘을 붙이면 '엄마의 사랑'이 되네요. 세상 어디를 가도, 어느 시대에도 엄마의 사랑은 우리를 지탱해 준 근본적인 힘이고 이유예요. 신화에서 바다를 엄마라고 표현하는 이유도 같지 않을까요? 엄마를 부르면서 악한 일 하는 사람 없고, 엄마를 떠올리면서 화내는 사람 없을 거예요. 소수의 특별한 경험이 있는 사람을 제외하면 말이죠. 세상의 모든 엄마가 그렇지만 밤토끼의 엄마는 유독 따뜻하셨네요. 표현에도 적극적이셨고요. 갓난 아이때야 모두가 그렇게 하지만, 사춘기 이상의 딸을 안아주고 팔베개해주는 엄마는 많지 않아요. 그래서 엄마가 떠나신 후 밤토끼의 충격이 몇 배 더 컸었나 보네요.

열심히 일한 사람이 소진되고, 사랑한 사람이 권태를 겪는 거잖아요. 높이 뛰어오른 만큼 무릎의 충격이 크고, 사랑이 깊은 만큼 이별의 슬픔도 큰 법이죠. 엄마의 따뜻함이 그랬네요. 세상에서 가장 강한 건 사랑이라고 하지요. 교과서에서나 나오는 말이 아니라 밤토끼의 글로 생생히 확인해요. 트럭도 조폭도 무섭지 않아요. 무섭지 않다는 표현 자체가 잘못된 거예요. 엄마는 무섭지 않았던 게 아니라 밤토끼를 사랑한 거예요. 예쁜 꽃에 집중하면 주위의 다른 것이 보이지 않는 것처럼요. 밤토끼는 엄마의 꽃이에요. 그래서 엄마는 트럭도, 조폭도 보이지 않았어요. 트럭 아저씨에게 화를 낸 게 아니라 밤토끼를 사랑한다고 말한 거예요. 조폭에게 가던 길을 가라고 말한 게 아니라 밤토끼를 아낀다고 말한 거예요.

세상에서 가장 강력한 힘을 가진 보호막이 어느 날 갑자기 사라져 버렸네요. 바닷게의 껍데기가 사라진 것처럼요. 밤토끼의 안전은 그래서 다른 사람들이 말하는 그것과는 달라요. 밤토끼가 말하는 안전은 사랑의 부재, 사랑하는 사람과의 이별, 그것이 반복될지도 모른다는 뿌리 깊은 두려움이에요. 오히려 두렵지 않은 게 이상한 일이죠. 가진 것이 많을수록 상실감도 크잖아요. 바나나 우유를 사주고, 안아주고, 팔베개해주던 엄마의 사랑을 무엇으로 대신 할 수 있겠어요.

밤토끼의 상상은 생존을 위한 절박한 선택이었네요. 상상은 단순히 엄마를 떠올린 게 아니라 엄마의 사랑 속으로 들어간 거예요. 밤토끼가 경험적으로 기억하는 가장 안전한 보호막으로요. 단순히 심리적인 위로가 아니라 밤토끼의 세포에 새겨진 그때의 감각이 진짜로 힘을 발휘했을 거예요. 그렇게 그 시절을 견뎌낸 밤토끼가 대견하네요. 밤토끼가 선택한 최선이에요.

지금도 불안이 엄습할 때 '상상'은 효과적인 대응 방법이네요. 하지만 한 가지 생각할 점은 있어요. 그때를 상상하면 강한 엄마만 만나는 게 아니에요. 강한 엄마의 울타리 속에서 보호받던 나약한 밤토끼도 만나게 되죠. 그때의 밤토끼는 보호받아야 하는 시절이었으니까요. 엄마만 상상되

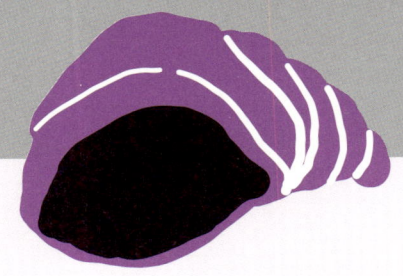

면 좋겠지만, 상상은 뜻대로 되지만은 않죠. 그래서 상상하되 현실을 더하면 좋겠어요. 그때의 밤토끼와 지금의 밤토끼는 달라요. 밤토끼는 똑같다고 생각할 수도 있지만, 시간은 우리의 뜻과 다르게 색깔을 입혀요. 지난 10여 년의 시간도 예외는 아니죠. 껍질을 벗은 바닷게에게 새로운 껍질이 생기듯이 밤토끼에게도 엄마만큼의 갑옷은 아니어도 분명 껍질이 생겼어요. 좋든 싫든, 강하든 약하든, 그 껍질을 외면하거나 깎아내리지 않았으면 좋겠어요.

엄마가 큰 선물을 남기셨네요. 사랑하는 딸의 세포 하나하나에 세상을 살아갈 힘을 남기셨어요. 지금은 상상 정도로만 꺼내 쓰고 있지만, 시간이 갈수록 그 힘을 제대로 사용하게 될 거예요. 그리고 엄마처럼 사랑으로 인하여 트럭과 맞서고, 조폭에도 기죽지 않는 밤토끼가 될 거예요. 엄마의 상실은 아픔이지만 남기신 선물이 참 풍요롭네요.

+ 덧붙임
생각해보니 저에겐 밤토끼와 같은 엄마와의 살가운 기억이 없네요. 알코올 중독 아버지와 화만 남으신 엄마 밑에서 참으로 가난하게 살아온 엄마는 살가움을 잊어버리셨거든요. 사랑을 따뜻하게 표현하는 법을 모르셨죠. 한결같이 엄하게만 키웠어요. 지금도 여전해요. 제가 나이가 들어서 엄마를 이해하지만, 그래도 제게는 없는 기억이네요.

밤토끼

낮토끼의 덧붙임을 읽고 생각이 들었어요.
그럼에도 불구하고
세상과 다른 눈으로 밤토끼를 바라봐주고
세상과 다른 귀로 밤토끼의 이야기를 들어주고
세상과 다른 입으로 밤토끼에게 용기를 주고
세상과 다른 마음으로 밤토끼를 기다려주고
세상과 다른 생각으로 밤토끼를 이해해줘서
낮토끼에게 고마워요.

붉은 노을과 닮은 엄마

밤토끼

엄마의 마지막 붉은 노을은 무엇을 이야기하고 싶었을까 생각해 봤어요. '나 떠나기 싫어. 떠나고 싶지 않아'였던 것 같아요. 그 붉은 노을이 그렇게 내게 말한 것만 같아요. 자기 전에 불현듯 생각났어요. 다시 불을 켜고 일어나 글을 써요.

나도 누군가를 두고 떠나고 싶지 않다는 의지가 마음속 깊은 곳에 숨겨져 있었던 것 같아요. 그래서 떠나고 싶지 않은 마음에 불안하고 초조하고 우울하고 두렵고 떨렸나 봐요. 남겨지는 것보다 누군가를 두고 떠난다는 게 제일 힘든 일인 것 같아요.

그래서 엄마가 더 안쓰러워요.
얼마나 떠나기 싫었을까?

얼마나 살고 싶었을까?
그런 생각을 하면 마음이 아파요.

붉은 노을과 엄마는 많이 닮았어요. 화려하게 떠 있다가 어둠 속으로 사라져 버려요. 또다시 피어오르고 사라지는 것을 반복해요. 엄마 생각에 감정이 피어오르다 이내 또 사라져요.

낮토끼

지난주는 밤토끼의 글을 미뤘어요. 지난주는 유독 오전과 오후로 일정이 꽉 찼어요. 일요일에는 부산에서 강의가 있어서 멀리 갔다 왔고요. 밤토끼의 글은 좋은 컨디션과 장소에서 보려고 노력해요. 아무 때나 읽고 의무적으로 답을 달고 싶지 않아서죠. 밤토끼의 글은 빨리 해치워야 하는 연구용역이 아니거든요. 요즘 저의 일상에 매우 귀한 시간이 밤토끼의 글을 읽고 답하는 때네요. 이번 주는 월요일부터 외부 일정 없이 보고서와 글 쓰는 일을 하다 보니 체력이 충전되고 여유가 생겨서 이렇게 밤토끼의 글을 다시 열어요.

붉은 노을은 우리 글을 대표하는 색깔이란 생각이 들어요. 우리 글을 영화로 만들면 첫 장면과 끝 장면은 아마도 노을 지는 저녁 하늘이 아닌가 싫어요. 밤토끼의 말대로, 죽음은 이 세상에서의 완전한 이별을 말하죠. 그래서 죽음은 깊은 슬픔과 아쉬움과 후회와 안타까움이 어울리나 봅니다. 제가 덧붙일 것이 없을 정도로 밤토끼의 판단과 자기 분석이 정확합니다. 딱 언제부터라고 말하기는 어려운데, 밤토끼 글의 색깔이 바뀌고 있어요. 전 그 이유가 엄마에 대한 이해의 깊이가 달라졌기 때문이라 생각해요.

'나 떠나기 싫어. 떠나고 싶지 않아'였던 것 같아요.

이전에도 엄마를 사랑하고 이해했지만, 갑작스러운 이별의 슬픔이 이해와 사랑을 압도했었지요. 그래서 엄마를 이해해도 나의 관점이었는데, 이제는 엄마의 눈으로 보려고 해요. 공감은 단순히 비슷한 감정을 가지는 게 아니라 그 사람이 되는 거예요. 엄마에 대한 공감이 깊어지고 있어요. 그만큼 감정 표현이 많아지고 자유로워지고 있다는 뜻이죠.

얼마나 떠나기 싫었을까?
얼마나 살고 싶었을까?
그런 생각을 하면 마음이 아파요.

그래서 오늘의 마음 아픔은 이전의 아픔과는 달라요. 내가 슬퍼서 우는 것과 그 사람이 되어서 우는 것은 다른 일이거든요. 전에도 인용한 적이 있죠. 사랑에는 두려움이 없다는 말이요. 사랑은 두려움의 감정을 덮는,

감정의 서열을 매기자면 최상위 감정이거든요. 그 사랑을 오늘 글에서는 엄마에 대한 공감이라 쓰고 싶네요. 엄마에 대한 공감이 깊어질수록 밤토끼가 말한 불안, 초조함, 우울함, 두려움이 덮일 거예요. 그러니 이런 감정에서 벗어나려 애쓰지 말고, 지금처럼 공감하세요. 공감에는 두려움이 없습니다.

밤토끼

맞아요. 그전과는 다른 느낌이에요. 나아지고 있는 내 모습을 느낄 때, 하루하루 더 나아질 거라는 기대가 생길 때, 그런 기대들이 모여 스무 살 밤토끼의 후회들을 덮어버리는 때가 올 거란 희망도 생겨요.

지나간 그때는 그냥 거기에 두자. 잊어버리려 노력하지 말자. 그냥 거기에 두고 바라만 보자. 꺼내서 조립해 보지 말자. 자연스럽게 그 시간에 내버려 두자. 후회하지 말고 자연스럽게 더 좋은 기대들로 나를 행복하게 하자. 그렇게 해보자. 차근차근해보자.

'나는 철이 없고 멍청했던 게 아니야. 난 그때 최선을 다한 거야'

마음 가는 곳에 머물기

낮토끼

이번에는 제가 먼저 글을 쓰네요. 지난 주말에 세종문화회관을 다녀왔어요. 에바 알머슨 미술 전시회를 보러 갔어요. 참 쉽고, 단순하고, 따뜻하고, 일상이 담긴 그림이었어요. 전시회를 보다가 밤토끼가 생각났어요. 밤토끼도 에바 알머슨처럼 그림을 그리면 좋겠다는 생각이 들었어요. 전시회 글귀 중에 이런 게 있었어요.

'행복, 마음 가는 곳에 머물기. 가슴 뛰는 순간이 있음에 감사하며 살아가기'

나쁜 기억들은 단단하고 뾰족한 돌멩이 같아서 잊힌 듯하다가도 끈질기게 남아서 무심코 내디딘 한걸음에 상처를 내죠. 그래서 마음속 한 곳에는 안전하고 편안하게 쉴 수 있는 공간이 필요해요. 가슴 뛰는 순간을 위해, 설레는 변화를 위해 언제든 문을 열고 다시 나아갈 용기도 필요하고요. 전시회가 9월 20일까지인데 아직 시간이 있네요. 나들이 한번 해요.

밤토끼

마침 오늘 저녁에 그림을 그려 봤어요. 음… 생각했던 것보다 잘 못 그리겠네요. 상상 속에선 일러스트처럼 따뜻하고 귀여운 그림인데요. 현실은… 다시 그려볼게요.

밤토끼가 글 쓰는 곳

밤토끼

낮토끼는 주로 카페에 가서 글을 읽고 쓰겠지만, 저는 요즘 방에 누워서 노래를 듣다가 갑자기 생각이 떠오르면 글을 써요. 노래만 듣고 멍때릴 때가 더 많지만요.

낮토끼

전 요즘 주로 사무실에서 글을 써요. 책상을 옮겼더니 하늘이 보여서 좋아요. 저는 낮토끼답게 주로 이렇게 하늘을 보면서 쏜답니다. 떠오르면 글을 쓴다는 게 좋네요. 멍때릴 때가 많다는 건 더욱 좋고요. 상담이나 프로그램의 효과성을 의심하는 건 아닌데, 어떤 때는 너무 인위적이란 생각이 들

때가 있어요. 그런데 밤토끼의 글들은 형식과 내용이 자유로워서 좋아요.

방에 누우면 절로 멍 때려질 것 같네요. 그런 공간과 시간이 있는 곳이 집이에요. 멍 때린다니까 생각나는 말이 있어요. 비틀즈의 존 레넌이 자신의 음악적 영감은 낮잠 후에, 카페에서 멍 때릴 때 나온다고 했어요. 멍때리는 건 시간을 버리는 게 아니고 뇌에 창조의 빈 공간을 만드는 거예요. 그러니까 그곳에서 듣고 싶은 음악 들으며 마음껏 멍 때려요.

아! 갑자기 생각나는 게 있어요. 지난번에 행복이 뭔지 모르겠다고, 행복이 뭐냐고 물은 적이 있지요. 오늘 글을 쓰다 생각난 글이 있어요. 김정운 교수가 그런 말을 했어요. '행복은 감정이 아니라 일상의 구체적인 행동이다'라고요. 리츄얼이라고도 부르죠. 리츄얼이 있고 많을수록 행복하다는 거예요. 밤토끼가 방에서 음악 듣고 멍때리는 게 밤토끼의 리츄얼인거죠. 리츄얼은 일상에서 소소하게 반복되는 거예요. 그래서 해외여행은 아무리 즐거워도 리츄얼이 될 순 없어요. 이벤트에 지나지 않죠. 같은 의미로 결혼식은 리츄얼이 될 수 없어요. 짝꿍과의 저녁 산책은 리츄얼이 되지만요. 밤토끼의 리츄얼이 하나 생겨서 아주 기쁘네요.

남편에게 말했어요

밤토끼

오늘은 유난히 힘이 듭니다. 몸도 힘들고 소화도 잘 안되고, 모든 것에 강박적으로 스트레스를 받았어요. 아무도 제대로 안 읽는 회의록을 더 잘 쓰려고 시간을 투자하고, 제대로 결정되지 않은 매뉴얼 작성을 열심히 했으나 되려 지적도 받고, 하루 종일 땀을 흘려 머리가 멍한 상태에서 운전에 집중하느라 힘이 빠졌어요. 집에 와서 떡볶이랑 순대 조금 먹고 단박에 체해 버렸어요. 그 순간에 또 숨이 막혀 오면서 죽을 것 같다는 불안이 엄습했어요.

'나그네 같은 거야…나그네 같은 거야…'

되새기며 진정해 보려고 노력했어요. 한 시간 동안 불안에 떨다가 점차 진정됐어요. 진이 다 빠진 상태로 있다가 문득 생각이 나서 글을 쓰고 있어요. 밤토끼는 이해받지 못할 거라는 두려움이 있는 것 같아요. 제가 차를 타고 가다가 죽을 것 같다는 느낌을 받았다고 말했죠. 낮토끼에게는 말했는데, 다른 사람에게는 절대로 입이 떨어지지 않더라고요. 남편이랑 TV를 보다가 어렵게 말을 했어요.

"나 차 타고 가다가 불안해서 죽을 것 같다는 생각이 들었어"
"에이… 너 운전 잘하잖아"

남편이 웃으며 하는 말에, 내 감정이 이해받지 못한다는 생각이 들었어요. 동생에게도 말해 보고 싶었으나 입이 떨어지지 않았어요. 그래서 말 대신에 글을 보여줬는데 동생은 평가하기에 바빴어요. 나를 100%로 이해해 달라는 것도 아닌데, 그냥 아무렇지 않게 생각하는 것 같아서 속이 상했어요.

나는 사랑하는 사람들의 이야기에는 집중하고 마음을 이해하려고 노력하는데, 내 마음을 이해해 주려고 애쓰는 사람은 없는 것 같아요. 그래서 마음을 더 닫아버리고요. 상처받기 싫어서 회피하고요. 그러면서 이해받지 못할 거라는 두려움이 더 커지네요.

너무 편협한 생각일까요?
이 글을 쓰고 나니 속이 뜨거워지고 눈물이 왈칵 쏟아지네요.

낮토끼

오랜만에 밤토끼의 글을 읽네요. 지난주는 가족과 휴가를 다녀왔어요. 코로나로 이동에 제약이 있었지만, 사람들이 없는 곳을 최대한 골라서 계곡과 바다를 다녀왔어요. 설악산 비선대를 오르다가 만난 계곡, 내려오는 길에 발 담갔던 계곡이 가장 기억에 남아요. 맑아도 어찌 그리 맑던지요. 좌우의 울창한 숲과 저 멀리까지 뻗어나가는 산이 어울려서 절로 마음을 내려놓게 만들더라고요.

밤토끼의 왈칵 쏟아지려는 눈물이 설악산 계곡처럼 느껴져요. 구비구비 마음의 길을 지나서 눈동자 사이의 틈을 비집고 나오는 눈물이 그렇네요. 맑기도 똑같고요. 물이 흘러야 계곡이고 계곡이 있어야 산인 것처럼 눈물이 흘러야 감정의 산이 살아 있게 되는 게 아닐까요? 눈물의 계곡에 댐을 세워서 막지 말고 그때그때 지금처럼 흘려보내면 좋겠어요.

'에이… 너 운전 잘하잖아'

밤토끼의 심정으로는 속상한 부분인데, 미안하지만 전 웃음이 나왔어요. 어쩌면 남편들은 이리도 한결같이 모를까요. 너무 몰라서 순수의 백미를 보여주는 우리 남편들에게 경의를 표합니다. 그런 의미에서 동생도 다르지 않아요. 미래의 남편이거든요. 여동생이나 언니가 남자라는 생물에게 공감을 얻기는 너무 힘든 일이에요. 저도 누나가 둘이 있는데, 둘이는 사사로운 이야기들을 많이 나눠요. 그러나 저와는 그렇지 않아요. 그렇다고 사이가 안 좋거나 제가 이해심이 부족한 것도 아닌데, 뭔가 분명한 한계가 있어요. 그런데도 '너 운전 잘하잖아'는 압권이긴 해요.

밤토끼는 사랑하는 사람들의 이야기에 집중하고 마음을 이해하려 노력하는 데 내 마음을 이해해 주려는 사람은 없다고 했지요. 맞는 말이에요. 그런데 더 정확한 표현은 밤토끼가 원하는 방식으로 이해해 주는 사람이 없다는 거예요. 다들 자신의 방식으로 밤토끼를 이해 한다고 생각할지도 몰라요. 아니 그렇게 생각할 거예요. 사람은 그렇게 자신의 기준으로 생각하고 판단하고 느끼거든요.

밤토끼의 말은 반만 맞는 것 같네요. 또 하나, 이해를 받는 것과 마음을 여는 것은 다른 차원의 일인 것 같아요. 물론 이해를 못 받으니 마음을 닫는 건 순서상 맞는 것 같지만, 꼭 그래야 하는 것은 아니거든요. 가게 사장이 예의 없는 사람에게 물건을 팔지 않겠다고 써붙여 놓는 곳은 없어요. 너무 심하면 안 되겠지만 장사는 사람을 가리지 않고 필요한 사람이 있다면 물건을 팔아요. 상대가 어찌 되었건 마음을 여닫는 건 나의 의지라는 생각이 들어요. 마음을 닫았을 때와 열었을 때의 손익을 계산해서 그럼에도 마음을 열자고 다짐을 하는 거죠. 모든 사람에게 그럴 필요가 없지만 사랑하는 사람, 내 인생의 VIP 고객에게는 그래야 하지 않을까요?

마음을 연다는 것은 계속 손해를 감수하고 관계를 맺으라는 말은 절대로 아니에요. 마음을 연다는 것은 눈물길을 열어서 흘려보내는 것처럼 마음의 감정을 드러내라는 거예요. 위의 예로 돌아가면, 남편의 '너 운전 잘하잖아'라는 말에 들었던 마음을 전하는 거예요. '나는 지금 너무 힘들고 이해가 필요했는데 너무 속상하다'라고 말하는 거예요. 때로는 '그걸 말이라고 하냐? 그래, 나 운전 잘한다. 그래서 레이싱이라도 나갈까?'라고 화를 쏟아내는 거죠. 화를 폭발시키는 게 좋은 것은 아니지만 화내는 사람치고 우울한 사람 흔하지 않습니다. 넘치는 화를 누른 사람이 우울이란 다른 감정을 맛보게 되죠. 화를 내라는 말이 아니고 감정을 표현하라는 거예요.

그런 의미에서 밤토끼가 사랑하는 사람의 이야기에 집중하고 이해하려 노력했다고 말했는데, 밤토끼의 기준으로 그랬는지도 모르겠네요. 상대를 이해하려고 노력했던 게 아니라 이해받으려 노력했는지도 몰라요. 사실 우리는 다 그런 사람이에요. 자기중심적이고 실수투성이고, 심지어 무한 반복이죠. 이해받을까와 못 받을까는 내 중심이에요. 이해할까와 못 할까는 타인 중심이고요. 힘든 과제이지만 타인 중심으로 사고를 전환하는 것에 실마리가 있어요. 자기중심적 사고는 늪과 같아요. 이해받으면 더 큰 이해를 바라게 되죠. 그러다 이해 못 받으면 몇 배 더 서운하게 되고요.

어렵지만 시도해 보세요. 이해 못 받을 두려움에 쓰이는 에너지를 이해하는 에너지로 조금씩 전환해 보세요. 남편에게 마음을 열고 감정을 전해 보세요. 이해하건 못하건 개의치 말고 밤토끼의 마음을 풀어내세요. 어지간한 대답은 받아 주되, 너무 벗어나는 말을 하면 '이런 18바퀴 레이싱'을 외치세요. 말하기 어려우면 속으로라도 주문을 외워요. '이런 18바퀴 레이싱'이라고요. 이해하는 건 남들의 몫, 마음을 전하는 건 내 몫이에요.

+ 덧붙임

잔소리 하나 할게요. 피곤하고 컨디션이 좋지 않는 날에는 밀가루와 분식류, 기름진 거 꼭 피해요. 안 그래도 스트레스받고 소화 기관 좋지 않은 밤토끼에게는 쥐약입니다. 몸이 안 좋으면 맘이 약해집니다. 맘이 약하면 몸이 아프고요. 악순환의 반복이에요. 차라리 최대한 가볍게 먹고 이어폰 꽂고 아파트 단지 한 바퀴 돌거나, 방바닥에 널브러져 있거나, 샤워를 장시간 하는 게 훨씬 낫더라고요.

밤토끼

글을 읽고 잠시 생각이 멈췄어요.
일시 정지.
지금은 그냥 서로에게 좋은 것은, 더 이상 바라지 않고 아무 말 하지 않는 거예요.

낮토끼

생각이 멈추고 일시 정지라는 건 다른 생각과 관점을 만났기 때문이죠. 아니면 동의할 수 없는 논리를 만났거나 거부가 될 때이죠. 어떤 경우에건 생각이 멈추고 일시 정지라는 표현을 했다는 사실이 중요해요. 판단(생각)과 행동(일시 정지)의 주체는 밤토끼예요. 밤토끼가 판단하고 행동하는 것이 중요하고 옳아요. 밤토끼가 지금 서로에게 좋은 게 더 이상 바라지 않고 아무 말 하지 않는 거라면 그렇게 하세요. 그럴 만한 이유가 있을 거예요.

3장

일상을 견딘다

또 갑자기 숨이 안 쉬어진다.
하필 차 안에서 그런다.
더 불안해진다. 곧 죽을 것 같다.
꾸역꾸역 참아내면서 도착해냈다.
나 자신이 안쓰럽고 대견스럽다.

감정 방학

밤토끼

그동안 절전모드같은 상태였어요. 감정적으로 많이 지치고 힘들었어요. 어떤 감정인지 생각해도 잘 정리가 되지 않았어요. 내가 잘못하지 않은 일에, 나중에는 내가 미안해지고, 너무 했나 싶기도 하고. 하지만 마음속의 응어리는 풀리지 않고 지켜지지 않은 약속들만 되풀이되고, 믿고 다시 실망하고….

저 혼자서 별의별 감정싸움을 다 한 것 같아요. 타인은 별 대수롭지 않은 일인데요. 그럴 때마다 내가 너무 예민한가? 내려놓고 포기하는 것이 맞을까? 그러기에는 포기가 안 되고 마음이 그렇게 허락하지 않아요. 하지만 그 중간지점에 있지 않기 때문에 제 자신에게 질렸어요. 그래서 저 스스로 감정 방학이라는 타이틀을 걸고 생활을 시작했어요. 감정 방학에서는 세 가지를 마음 놓고 했어요.

첫째, 감정에 대해 부정하지 않기.
둘째, 부정한 것에 대해 죄책감 느끼지 않기.
셋째, 그냥 거기에 두기.

그렇게 방학 생활하는 동안 얻은 결론이에요.

'나 자신을 위한 선택을 하자'
'선택에 후회하지 말자!'

낮토끼

'감정 방학'이란 단어가 너무 좋네요. 그동안 단기간에 많은 감정을 쏟아내서 쉼이 필요할 거란 생각을 했어요. 그걸 알면서도 몇 번은 밤토끼 마음의 집 앞을 서성였어요. 노크를 하려고 손을 들기도 했고요. 기다림은 언제나 누구에게나 쉽지 않은 일이죠. 다행이에요. 밤토끼의 감정 방학을 건드리지 않아서요.

'감정 방학'이란 단어를 들으니 '감정노동'이 생각나네요. 낮이 있어야 밤이 있고 일을 해야 휴식이 있는 것처럼 감정 방학에는 감정노동이 있다는 생각이 들어요. 우리 아이들에게 방학이 없고 초중고 12년이 이어진다면 탈이 나겠지요. 현대사회의 가장 큰 문제가 이게 아닌가 싶어요. 첫째는 자신의 감정을 모르는 것이고, 둘째는 감정 방학이 없는 거죠. 회사에서 상사의 압박에 감정이 열 일을 하는데, 쉼이 없는 거죠. 맛난 음식과 영화와 여행으로 쉼을 가져보려 하지만 감정노동량에 비하면 턱없이 부족해요. 그렇게 방학 없는 감정노동이 5년, 10년이 되면서 이제는 표현하는 법도, 쉬어야 하는 이유도 사라지고 똑같은 하루의 반복이 되는 거예요.

지난 두 달여 동안 밤토끼는 묵은 10년 치의 감정을 쏟아냈어요. 아무것도 안 하고 이 일만 해도 탈진될 양이었어요. 그런데 밤토끼는 현재를 살아내야 했죠. 아내로, 딸로, 직장인으로 말이에요. 참 잘했다 싶어요. 스스로 '감정 방학'에 돌입한 것 자체가 이미 밤토끼가 감정의 주인이 되었다는 신호예요. 밤토끼가 말한 '감정 방학'의 3원칙이요. 감정에 대해 부정하지 않기, 부정한 것에 대해 죄책감 느끼지 않기, 그냥 거기에 두기! 더 이상 덧붙일 말이 없네요. 더욱이 밤토끼의 마지막 말, '나 자신을 위한 선택을 하자! 나 자신을 위한 선택이라면 후회하지 말자!' 솔직히 이 부분을 읽을 때는 이제 저의 역할도 다했다는 생각이 들었어요.

이미 밤토끼의 '감정 방학' 이전부터 저의 역할이 다한다는 생각이 들었는데, 오늘 밤토끼의 글이 더욱 확신을 주네요. 역할이 다했다니 꼭 여기서 영화가 끝나고 엔딩자막이 올라가는 것 같네요. 그러면 이렇게 써야겠어요. 이제 다른 역할이 필요하다구요.

밤토끼님! 이제부터는 조금 더 자유롭게, '나 자신을 위한 선택을 하자'는 말처럼 하고 싶은 이야기를 하세요. 하기 싫을 때는 하지 말고요. 그림을 그리고 싶을 때는 그리고요. 낙서하고 싶으면 낙서하고요. 욕하고 싶으면 욕하고요. 지금처럼 저랑 이야기 나눠요. '감정 방학'이란 꼭 필요한 시간을 스스로 알아차리고, 행동으로 옮겨줘서 아주 고마워요.

밤토끼

감정 방학

이 네 글자가 주는 느낌이 뭔가 편안하다는 생각이 들어요. 도피처 같기도 하고, 잠깐 감정을 넣어두는 사물함 같은 느낌도 들어요. 자주 감정 방학을 가질 예정이에요. 이번 감정방학은 시도한 것에 의의를 두고 싶어요. 조금은 부족한 게 많아서요. 제가 감정 방학이란 단어를 쓰는데 이렇게 공감해주는 사람은 역시 낮토끼밖에 없네요. 고맙고 또 고맙습니다. 감정 방학을 인정해 줘서요.

마음의 응어리 풀기

밤토끼

아무 생각 없이 운전하고
아무 생각 없이 씻고
아무 생각 없이 자고
아무 생각 없이 일하고
아무 생각 없이 다니는데

오늘 따라 가는 길에 서 있는 소나무의 뻗어있는 가지가 하이파이브 하자고 하는 것 같아요.

낮토끼

밤토끼의 글에 처음 등장하는 사진이네요. 그동안 글로 많은 것을 표현했어요. 사진은 글보다 해석의 여지를 많이 남겨서 좋아요. 글은 어떤 때는 수학처럼 적나라하게 표현될 때가 있는데 말이에요. 밤토끼는 사진을 잘 찍었던 기억이 있어요. 그래서 사진을 도맡곤 했지요. 감정의 표현 수단을 넓히는 것도 좋겠어요. 오늘의 사진처럼요.

소나무의 뻗어 있는 가지가 하이파이브를 하자고 느낀 감정과 밤토끼의 시선이 그대로 읽혀서 좋네요. 밤토끼와 같은 시선으로 소나무를 보고 있는 게 다른 시간과 공간에 있으면서 어느 순간을 공유하는 것 같아서 신기하네요. 그래서 사진을 시간의 예술이라고 부르나 봐요. 운전하고, 씻고, 자고, 일하고, 모두 일상이에요. 일상 앞에 아무 생각 없이가 붙어 있네요. 반복되는 일상은 우리에게 생각할 여유를 빼앗아 가죠. 아무 생각 없이 살고 있는 것 같지만 씻는 것, 자는 것, 일하는 것이 알고 보면 모두 생각이에요. 생각이 몸으로 표현된 것이죠.

그래서 소나무의 하이파이브는 밤토끼의 마음이란 생각이 들어요. 그 마음을 해석하고 싶지 않네요. 소나무인 것을 고려해도 유난히 푸르른 소나무의 생명력이 느껴져요. 사시사철 생각이 있어도 없어도, 잘 살아도 못 살아도 생명에는 위아래도 더 밝음과 어두움도 없답니다. 살아 있는 것 그 자체로 푸르니까요.

밤토끼

밤토끼는 높고 푸른 하늘, 숲, 나무, 꽃, 나비가 좋아요. 가끔은 굉장한 힘을 얻기도 해요. 사람에게 받지 못하는 위로를 받고, 자연이 마음의 응어리를 풀어주는 느낌이 들어요. 그럴 때마다 사진을 찍어요. 사진 속 꽃들이 말해요. 모두 입을 크게 벌리고 말해요.

너 참 예쁘다.
모든 것이 괜찮다.

자연에서 얻는 행복감도 있지만 낮토끼와의 글로써 이루어지는 꾸밈없는 소통에서도 큰 위로를 받고 다른 관점을 보게 되네요. 아빠의 따뜻한 사랑이 마음의 안정을 주고 제대로 된 행복을 온전히 마주하게 도와줘요. 동생과의 대화에서는 걱정 없는 아이처럼 꺄르륵 웃게 되고, 남편에게 다양한 감정과 삶을 배우곤 해요. 그리고 엄마를 그리워하고 사랑하는 마음은 곧 누군가를 사랑할 수 있는 에너지를 얻게 되죠.

이것만으로도 충분하네요.

낮토끼

요즘 기관 교육이나 자문을 가면 밤토끼 또래의 친구들을 만나요. 그러면 자연스럽게 밤토끼가 생각납니다. 오늘도 그랬네요. 온라인 자문이었는데 머리를 옆으로 넘긴 사회복지사가 질문하는데 꼭 밤토끼 같았어요. 원래 청년을 만나 이야기하는 것을 좋아했지만, 밤토끼 덕에 더욱 정이 가네요. 저도 밤토끼와의 글 대화가 좋아요. 저도 지금이 충분하네요.

마음의 비상벨

밤토끼

소나무 하이파이브 글을 쓸 때와는 또 다른 마음이에요. 소나무 하이파이브는 긍정적인 밤토끼였다면 이번 주 밤토끼는… 정말 모르겠어요. 마음이 쿵 하고 내려앉아요. 쿵 하고 내려앉았다가, 다시 안개처럼 흩어졌다가, 폭풍우처럼 커졌다가, 다시 쿵 하고 내려앉아요.

힘들 때는 아빠를 찾아가요. 따뜻한 밥을 차려주시면 맛있게 먹어요. 그러면 마음이 풀려요. 풀려서 돌아오면 또다시 폭풍우가 커져요. 다시 아빠를 찾아가요. 따뜻한 밥을 차려주시면 맛있게 먹어요. 그러면 또 마음이 풀려요. 다시 폭풍우를 맞지 않으려 준비해도 또 휩쓸려 떠내려가요. 다시 아빠를 찾아가요. 행복한 마음과 함께.

그러다 문득 불안한 생각이 들었어요. '아빠가 없으면 어떡하지?' 불안을 떨칠 수가 없어요. 책이나 사람들은 말해요. 그런 걱정하지 말고 있을 때 잘해야 한다고요. 하지만 그것과는 차원이 다른 문제예요.

낮토끼

지금까지 살면서 비상벨을 눌러본 경험이 없네요. 밤토끼도 그럴 거라 생각돼요. 우리만 그런 게 아니라 대부분 사람이 그렇겠지요. 그런데 막상 그런 비상벨이나 최소의 안전망이 없으면 그건 다른 이야기예요. 있는데 안 눌러본 것과 없어서 누르지 못하는 것의 차이죠.

위험한 상황이면 비상벨을 눌러야 해요. 위험신호가 오는데도 무시하고 있으면 비상벨은 더 이상 쓸모가 없어요. 뒤늦게 비상벨을 찾아야 소용없고요. 밤토끼가 힘들 때 아빠를 찾아가는 것도 마찬가지예요. 당연하고 잘한 일이에요. 아빠의 따뜻한 밥이 소화기처럼 잔불을 꺼주네요. 모든 건물에 비상벨이 있지 않는 것처럼 모두에게 그런 아빠가 있는 건 아니에요. 밤토끼는 아빠를 생각하면 놀란 가슴이 편안해지지만, 반대로 아빠를 생각하면 가슴이 쿵 하고 내려앉는 사람도 있답니다. 그래서 밤토끼는 행복한 사람이라고, 오히려 감사할 일이라고 말하려는 게 아니에요.

그런 아빠에게 찾아가는 밤토끼의 행동이 당연하고, '그러다 문득 아빠가 없으면 어떡하지 계속 불안하고 걱정돼요. 불안을 떨칠 수가 없어요' 이런 마음을 가지는 게 지극히 당연한 거라 말해주고 싶어요. 며칠 전에 아는 동생이 캠핑장으로 저녁을 먹으러 오라고 해서 다녀온 일이 있어요. 밤이 되니 제법 싸늘했어요. 근데 장작불은 매우 따뜻했어요. 그러다 장작불이 사라지니 몇 배 더 싸늘하게 느껴졌어요. 가을 저녁 장작불이 사라져도 온몸으로 느껴지는데, 밤토끼의 아버지는 비교할 수 없겠지요.

아빠표 밥을 맛있게 먹어요. 그런 아빠가 사라질까 두려움이 몰려오면 그 두려움을 떨치려 노력하지 말고, 밥 한 숟가락에 두려움을 올려서 같이 먹어요. 두려움과 불안은 맞설수록 커진답니다. 다행히 밤토끼는 아빠의 밥이 있어요. 백신이 없다면 지금의 코로나처럼 끝없는 싸움이 될 텐데, 있다면 전혀 다른 이야기지요.

그리고 아빠의 따뜻한 밥만 한 게 없지만, 어떤 때는 감기약이 필요하죠. 마음이 쿵 하고 내려앉는 강도가 너무 강하고, 견디기 힘들 정도라면 마음에도 감기약이 필요하다는 신호예요. 해열제로 고열을 떨어트리듯이, 마음의 고열도 내려야 할 때가 있어요. 그 정도는 밤토끼가 알겠지만, 너무 힘들게 버티거나 이기려 하지 않았으면 좋겠어요.

+ 덧붙임
저도 아빠로서 한마디 하자면, 아빠는 자녀에게 자신이 필요하고 자녀의 완전한 독립이 이뤄질 때까지 그 책임을 다하는 존재입니다. 자녀에게 비상벌이 필요 없을 때까지, 혹은 더 좋은 비상벨이 생길 때까지 절대로 사라지지 않는, 사라질 수 없는 존재가 아빠랍니다. 그건 돈벌이 능력과 물리적 나이와 체력과 상관없는 '사명'이에요. 그러니 아빠의 부재에 대한 불안은 다른 의미에서 아빠의 사명에 대한 도전이에요. 아빠는 사명을 마치기 전에 떠나지 않습니다.

누구나 그렇게 산다

밤토끼

행복

저녁 때 돌아갈 집이 있다는 것
힘들 때 마음 속으로 생각할 사람이 있다는 것
외로울 때 혼자서 부를 노래가 있다는 것
내가 생각하는 행복이란
집안 청소는 깨끗이 하고 음악을 듣는 것
내가 좋아하는 사람과 마음 통하는 대화를 나누는 것
혼자서 조용히 독서를 즐길 수 있다는 것
가족들이 모여서 즐겁게 식사하는 것
그중에 제일은 외로움을 즐기는 것

오늘 프로그램에 참여한 어르신이 쓴 시예요. '외로움을 즐기는 것' 글귀가 하루 종일 맴돕니다. 누구나 다 그렇게 산다는 것. 나만 그렇지 않다는 사실에 큰 위로를 받았어요. 그런 큰 위로는 내가 내 자신에게 할 수 있는 것이라고 다시 생각하게 되었어요.

그때 그 감정을 이해해 주기.
나쁜 감정은 꾹 눌러서 버리기.

낮토끼

저는 집 안 청소를 깨끗이 하고 음악을 듣는다는 구절이 눈에 들어왔어요. 각자가 생각하는 행복은 다른 거겠죠. 제가 위 구절이 눈에 들어온 것은 너무나 일상적인 모습이 그려져서 그래요. 일상에서 행복한 사람이 참 행복한 사람이라고 생각하거든요.

'그중에 제일은 외로움을 즐기는 것'

어르신이 쓴 시라고 했죠. 어르신만 하실 수 있는 말이란 생각이 들어요. 지독한 외로움을 겪어보고 분에 넘치는 행복을 느껴본 사람이, 그렇게 삶의 용솟음 치는 구비와 끝없이 추락하는 절벽 같은 나락을 경험한 사람이

할 수 있는 말이 아닐까요? 말로는 이해가 가는데 전 아직 이 말을 제대로 이해 못 한다는 생각이 들어요. 혼자만의 시간이 좋을 수는 있어요. 그런데 외로움을 즐긴다는 것은 전 아직 모르겠네요.

제가 알 수 있는 건, 이 시로 밤토끼가 큰 위로를 얻었다는 사실이에요. 엄청난 글귀도 아니고, 유명작가의 삶을 성찰한 시도 아니고, 위로 가득한 에세이도 아닌데, 어르신의 촌스러운 그림과 투박한 글귀에 큰 위로를 얻었다는 사실이요. 그 어르신이 감사했고, 그렇게 위로받는 밤토끼가 고마웠어요.

오랜만에 밤토끼에 말을 건네요. 10월 이후에는 하루하루를 꽉 채우며 살았어요. 코로나19로 어려운 시절에 일이 많다는 사실에 감사하면서도 어느 날은 써야 할 보고서에 불만이 가득하고, 사람이 그런가 봐요. 오늘로 교육 공식 일정을 마쳤어요. 올해 무슨 일을 했는지 돌아보면서 컴퓨터 폴더를 정리하고 있어요. 그러다 써 놓은 지 제법 지난 밤토끼의 글을 보네요. 진행하고 있는 연구가 하나 있긴 한데, 그래도 3월까지는 휴식을 취하며 충전하는 시간을 가질 거예요. 그 시간에 밤토끼와 나눌 이야기도 많아지겠죠. 오늘은 메리 크리스마스로 마쳐야겠네요.

죽을 것 같다 꾸역꾸역 참아낸다

밤토끼

또 갑자기 숨이 안 쉬어진다.
하필 차 안에서 그런다.
더 불안해진다.
곧 죽을 것 같다.
꾸역꾸역 참아내면서 도착해냈다.
나 자신이 안쓰럽고 대견스럽다.

낮토끼

'꾸역꾸역'이란 단어를 몇 번이고 다시 봤어요. 책 한 권보다 강렬하게 메시지를 각인시키는 말이 있어요. '꾸역꾸역'이란 단어가 그렇네요. 상황을 가장 정확하게 표현한 말은 '곧 죽을 것 같다'인데, 머리에는 '꾸역꾸역'이란 단어가 남아요. 왜일까 생각해 봤어요. 앞의 말은 끝을 향하고 있는데, 뒤의 말은 시작을 향하고 있어서 그렇다는 생각이 들어요. 절망을 향하는 말과 희망을 향하는 말의 차이인가 봐요. 거기에는 저의 바람이 담겨서 그럴 테고요.

곧 죽을 것 같은 상황을 '꾸역꾸역'으로 견뎌서 도착한 밤토끼가 안쓰럽고 대견해요. 밤토끼가 스스로 전한 말이 가장 정확한 말이네요. 그 말을 제가 다시 돌려주고 싶어요.

안쓰럽고 대견해요.
안쓰럽고 대견해요.
안쓰럽고 대견해요.

2020년 밤토끼의 한 해가 위의 두 단어로 요약되네요. 곧 죽을 것 같아서 안쓰럽고, 꾸역꾸역 참아내서 대견해요. 올 한 해가 가기 전에 밤토끼를 꼭 한번은 봐야겠다는 생각이 들어요. 이 말을 꼭 밤토끼에게 직접 전하고 싶어서요.

안쓰럽고 대견해요.

안쓰럽고 대견해요.

안쓰럽고 대견해요.

행복해질 거야 행복해지고 말 거야

밤토끼

오늘은 14번째 맞는 엄마의 기일이에요. 카톡에는 제 생일이 오늘로 뜨네요. 음력으로 설정되어 있나 봐요. 사람들이 생일 축하 메시지를 보내주네요. 기분이 싱숭생숭해요. 어젯밤 꿈에 엄마와 아빠랑 바닷가 모래사장에 누워 있었어요. 슬금슬금 밀려오는 파도에 뒹굴뒹굴 굴러서 파도 쪽에서 멀리 떨어지려 노력했어요. 아빠가 장난으로 엄마를 들어서 바다에 빠트렸어요. 엄마는 물속에 빠졌다가 수영하며 물 위로 올라왔어요. 생생하게 엄마를 꿈에서 봤어요. 오늘은 가족과 즐겁게 엄마를 위한 시간을 보낼 거예요.

낮토끼

꿈이 따뜻하네요. 엄마가 수면 위로 다시 올라오지 않거나, 황당하게 식인 상어가 나타나지 않고 가족 드라마의 한 장면 같네요. 온 가족이 모래 백사장에서 뒹구는 모습, 아빠의 장난, 엄마의 미소, 웃음소리, 파도 소리, 파란 하늘…. 갈수록 엄마 기일에 울리는 생일축하 메시지가 싱숭생숭을 넘어서 기쁘게 받아들여졌으면 좋겠네요. 그렇게 될 거예요. 오늘의 꿈이 많은 것을 말해 주네요. 안 그랬으면 진짜로 상어가 나타났을 거예요.

이어령 교수님의 책을 즐겨 봤어요. 한국의 지성이라고 하지요. 그런데 그 날카롭고 비판적인 분의 글이 많이 바뀌었어요. 전 그때가 딸의 죽음 이후라고 생각해요. 그동안도 삶과 죽음에 대한 성찰과 글을 많이 쓰셨지만, 세상 하나밖에 없는 딸의 죽음은 현실이었죠. 그 시간을 통과한 글들은 좀 더 포용적이세요. 그러면서도 더 깊게 진리를 파고들고요. 본인도 몇 년 전인가 암 진단을 받으셨는데, 치료를 거부하셨어요. 살 만큼 살았는데 억지로 생명 연장하지 않고, 남은 시간을 값지게 사용하고 죽음을 긍정적으로 받아들이시겠다고요.

이어령 교수의 한결같은 지론은 이거예요. 어둠이 있어서 빛이 있다고요. 똑같은 논리로 죽음이 있어서 삶이 있는 거래요. 죽음이 없었다면 삶도 없다고 힘주어 말해요. 그래서 죽음은 부정적인 것이 아니라 삶의 다른 이름이라는 거예요.

밤토끼는 이어령 교수가 오랜 시간을 숙고하고 성찰해서 그리고 딸의 죽음으로 알게 된 것을 이미 알고 있어요. 밤토끼의 생일과 엄마의 기일은 그렇게 삶과 죽음으로 연결되어 있어요. 평생을 삶과 죽음을 주제로 글을 쓰고 말했던 노령의 이어령 교수도 현실에서는 받아들이기 힘들었던 게 죽음이었죠. 그런데 스무 살의 청년이 어떻게 아무렇지 않게 받아들일 수 있겠어요. 이어령 교수가 문학을 매개로 고뇌했다면, 밤토끼는 똑같은 고뇌를 이유도 방향도 모른 채 온몸으로 겪어낸 거예요. 오롯이 혼자서, 맨몸으로요.

'오늘은 가족과 즐겁게 엄마를 위한 시간을 보낼 거예요'

어떤 다짐과 계획과 목표보다도 위대한 말이네요. 글대로 될 거예요. 밤토끼의 오늘이, 앞으로 살게 될 수많은 오늘이 그렇게 될 거예요. 낮토끼가 마음 다해 기도해요.

밤토끼

'죽음은 부정적인 것이 아니라 삶의 다른 이름이라는 거예요'

이 말이 가장 마음에 와닿아요. 엄마는 다른 삶을 살아가고 있는건데, 내가 엄마를 이용하고 있는 거예요. 미안해요. 하지만 난 여전히 필요하고, 보고 싶어요. 그래서 상상해서라도 엄마를 내 옆에 두고 싶고 안전해지고 싶었어요. 이따금 혼자 있을 때 이야기하듯 엄마에게 말을 걸었어요. 그게 나쁘다 생각하지는 않았는데, 엄마한테 미안해져요.

내 슬픔의 이유는 엄마라고
내 우울의 이유는 엄마라고
내 불안의 이유는 엄마라고
내 두려움의 이유는 엄마라고
그렇게 이유를 만들었던 게 미안해져요.

이번 기일에 제사상을 차리고 절을 하면서 울음을 참으며, 엄마한테 속으로 말했어요.

나 자신을 지킬 거야.
행복해질 거야.
행복해지고 말 거야.
그렇게 되고 말 거야.
지켜봐 줘 엄마.

낮토끼

밤토끼는 그리는 힘이 있어요. 글도 그림을 그리듯이 써요. 밤토끼의 글을 읽으면 영화를 보듯이 머릿속에 그 장면들이 그려져요. 엄마에게 절을 하며 마음으로 다짐하는 장면도 곁에서 지켜 보듯이 그려졌어요. 밤토끼가 그림을 그렸으면 좋겠어요. 글로 그리는 그림 말고 선으로 생각을 표현하고 색깔로 감정을 나타내는 그림을 그렸으면 좋겠어요.

행복해질 거야.
행복해지고 말 거야.
그렇게 되고 말 거야.

'거야'는 엄마에게 전하는 사랑의 메시지이자, 자신에게 건네는 다짐의 소리네요. 어느 쪽이 되었건 밤토끼가 그저 감정을 흘려보내지 않고, 감정의 깊은 골짜기에 빠지지 않고, 감정을 알아차리고 때론 감정의 방향을 주도하려는 모습이 보기 좋아요. 어떤 감정이냐보다 누가 어떻게 주도하느냐가 중요하다고 생각해요. 그런데 이제 분명히 밤토끼가 감정의 주도권을 잡았네요. 큰 배의 선장이 깊은 슬픔에 빠져서 선장실에서 나오지 않고 식음을 전폐하다가 이제 선실로 올라와 키를 잡았네요. 키를 잡았다는 신호가 '거야'라고 생각돼요.

이제 마음껏 항해를 시작하세요. 어디를 가든 상관없어요. 때로는 폭풍을

만날 수도 있지만, 그건 지나가는 거예요. 일 년 내내 폭풍이 머무는 바다는 없답니다. 그런데 항해에는 친구가 필요해요. 가족과 친구는 기본이지요. 밤토끼에게는 너무도 소중한 사람들이 있으니 이것은 걱정이 없고요. 또 하나 오랜 항해에는 시간 보내기가 필요하답니다. 쉽게 말해 취미인데 요즘은 부캐라고도 하죠. 밤토끼에게는 그림이 아닐까 싶어요. 밤토끼는 재능이 있어요. 하지만 아직은 재능이지요. 그 재능을 쓰면 좋겠어요. 그리다 보면 시간이 풍족해질 거예요. 두렵고 불안한 시간이 무엇인가에 집중하는 순간 사라지는 경험을 할 거예요. 위대한 문학과 미술은 그런 시간 속에서 만들어졌답니다. 밤토끼의 그림들이 기다려져요. 언제 시간이 되면 전망 좋은 카페에서 저는 글을 쓰고 밤토끼는 그림을 그려보면 좋겠어요. 토끼 콜라보.

살고 싶은데 죽고 싶고, 죽고 싶은데 살고 싶다

밤토끼

하나님 도와주세요. 부처님 도와주세요. 제발 도와주세요. 소리 없는 외침이 잠든 엄마 손등의 링거 바늘 속으로 들어가 버린다. 바늘자국으로 멍든 엄마의 손등.

제발 낫게 해주세요. 제발….

나는 끊임없이 도와 달라고 외쳤다. 원래 무교인데도 하나님과 부처님을 외쳤다. 엄마가 돌아가신 후 하나님과 부처님의 존재를 의심했고 철저히 단절했다. 기도하면 듣긴 한다던데, 정말 들으신 것 맞나요? 그렇게 14년이 지나고 내가 35살이 되고 난 후에 나 혼자서 심한 열병을 앓고 있다.

죽고 싶다. 죽고 싶다. 죽고 싶다. 죽고 싶다.

뜨거운 눈물이 볼을 타고 흐른다. 너무 막 죽고 싶다가도, 행복할 때 죽고 싶다는 생각을 했다는 게 창피하기도 하다. 이렇게나 살고 싶은데… 왜 죽고 싶다는 무서운 생각을 하는 것일까?

살고 싶은데 죽고 싶고
죽고 싶은데 살고 싶다.

그런저런 하루들이 지나서 어느 날 내 귓가에 들리는 노래 가사에 빠져들게 되었다.

살아내기에 힘겨운 하루
감당하기에 버거운 하루
삶에 힘겨워 여전히 힘겨워 내 주님께
온 맘 다해 주만 의지합니다.
살아가기에 두려운 하루
순종하기에 무거운 하루
나의 힘 다해 정성을 다해 내 주님께
온 맘 다해 주만 바라봅니다
하루의 은혜가 내 삶에 임하여
문제가 기도가 되고 아픔이 자랑 되어
하나님의 사랑 드러나게 하소서
나를 구원하신 그 사랑

하루의 은혜가 이곳에 임하여
고난이 축복이 되고 상처가 간증 되어
영원하신 사랑 신뢰하게 하소서
하루를 살아갈 힘 주소서
- 원데이 워십 '하루의 은혜'

그렇게 단절해버린 기독교 노래에 빠져버렸다고? 믿을 수 없었다. 이 노래를 듣는 동안 생각했다. 그때 엄마가 죽는 것에 대해 가족과 더욱 많은 이야기를 나눠보고, 서로를 위로해 주고, 더 안아주고, 이해해 줬다면 지금의 나는 어떤 모습일까? 이 노래 가사 말에 위로받은 나는, '지금까지 충분히 이해받은 경험이 없었구나. 충분히 누군가에게 나의 아픔을 위로받지 못했구나. 충분히 내 아픔을 말해보고 함께 고민하지 못했구나. 충분히 기대어 울어보지 못했구나'라는 생각이 들었다.

순전히 미워만 했던 하나님과 부처님께 미안한 마음이 든다. 어리석었지만 착했던 나를 지금까지 이끌어 왔던 것은 도대체 무엇일까? 생각해보니, 나 자신이었다. 스스로 오늘 하루 잘 감당했다고 말한다.

하나님 감사합니다. 부처님 다 감사합니다. 아빠 감사합니다. 엄마 감사합니다. 동생아 고맙다. 그냥 다 감사합니다. 그냥 막 써내려 갔지만 왠지 낮토끼는 이해할 것 같다. 가끔 기가 막히는 이 시대를 살아가면서 느끼는 것은 엄마가 아프면서 힘들게 돌아가셨지만, 내게 견딜 수 있는 아픔만

주고 떠난 것 같다. 갑작스럽게 죽거나, 실종되거나 너무 아픈 슬픔은 아니니까. 그렇게 또 나를 위로해본다.

낮토끼

밤토끼가 말한 노래를 찾아 듣고 있어요. 요즘은 가사 한 줄, 단어 하나만 알아도 이렇게 어렵지 않게 노래를 찾게 되네요. '하루를 살아갈 힘 주소서'라는 가사가 마음에 남네요. 신께서는 인간에게 하루를 살아갈 힘을 주셨어요. 강해도, 약해도, 기뻐도, 슬퍼도, 좋아도, 나빠도, 살고 싶어도, 죽고 싶어도 우리에게 주어진 것은 하루예요. 그래서 하루를 살아갈 힘은, 하루라는 시간을 넘은 내 생존의 시간이에요.

신이 있다면 분명 우리의 생각과 시공을 넘어서는 존재일 거예요. 아니면 그건 신이 아니고 우리가 만들어낸 관념과 허상에 지나지 않겠죠. 단군 신화와 그리스 신화 속에 나오는 존재처럼 말이에요. 신은 분명 우리의 생각을 넘어선, 우리가 받는 제약을 받지 않는 존재예요. 무엇이든지 할 수 있는 슈퍼맨과 마블 영웅 같은 전능함이 아니라 어떤 것에도 제약받지 않는 자유로움이란 표현이 더 맞을 거예요. 또한 신은 완전합니다. 이것도 부족함이 없다는 말이 아닙니다. 우리가 경험하지 못하는 완전한 감정, 완전한 이성, 완전한 의지 그런 완전한 것들의 완전함이에요. 표현하기 어려운 것을 쓰려니 제가 가진 언어와 표현력의 한계를 절감하게 되네요. 중요한 것은 그 신이 사람을 그것도 한 사람을 사랑한다는 사실이에요. 그리고 그런 사람에게는 여러 가지 방식으로 말을 건넵니다. 밤토끼에게 노래로 말을 건넨 것처럼 말이에요. 기독교 노래에 빠진 게 아니라 신이 건네는 초청의 소리를 들은 거예요.

신은 개별적인 1:1의 관계를 원해요. 우리는 신을 생각하면 인류, 종교, 문명, 구원과 같은 엄청난 단어를 떠올리지만, 그것은 인간이 만들어 낸 관념이에요. 신은 한 사람과의 친밀한 관계를 원하는 소박함이 있어요. 그래서 신은 사람이라고 말하지 않고 이름을 부르고 아들과 딸이라 부르죠. 2,000년 전 이스라엘 청년 예수에게도 신은 '내 사랑하는 아들'이라고 불렀어요. 그 신이 밤토끼에게 더 한걸음 가까이 다가와 말을 건네는 거예요. 왜냐면 밤토끼가 신에게 말을 건넸기 때문이에요.

'죽고 싶다. 죽고 싶다. 죽고 싶다. 죽고 싶다. 살고 싶은데 죽고 싶고, 죽고 싶은데 살고 싶다'

신은 사랑하는 아들과 딸의 고통에 대답하세요. 물론 우리가 원하는 시간에 원하는 방식으로는 아니지만요. 왜 14년 전, 신의 도우심이 어떤 때보다 간절했을 때는 침묵하고, 별안간 지금 노래로 말을 건네는지는 알 수 없어요. 이 사실이 너무 원망스러우면, 신을 원망하세요. 왜 그랬냐고 따져도 돼요. 신은 고통을 이겨낸 성숙한 사람이 아니라 이렇게 원망하고 따지고 아프다고 부르짖는 사람에게 말을 건네요. 그럴수록 더욱 분명하고 친밀하게 말하는 신을 만나게 될 거예요.

'아빠, 감사합니다. 엄마, 감사합니다. 동생아, 고맙다. 다 그냥, 감사합니다'

그리고 돌아보면 신은 밤토끼를 홀로 두지 않았어요. 슬픔과 고통이 가득했지만, 끝으로 버려두지는 않았어요. 사랑하는 아내를 먼저 보낸 슬픔을 꾹꾹 눌러 밥을 짓는 아빠의 모습으로, 캄캄한 시간을 함께 손잡고 견뎌낸 동생의 모습으로 신은 밤토끼 곁에 있었어요. 그래서 아빠, 엄마, 동생, 다 그냥 감사는 신께 드리는 감사예요. 신께서 이제 그 감사에 다시 대답하실 거예요. 어쩌면 우리가 밤토끼와 낮토끼가 되어, 이렇게 대화를 나누는 것도 신께서 우리에게 건네는 사랑일지도 모르죠.

밤토끼 고마워요. 잘 견뎌내고, 잘 살고 있어서가 아니라 밤토끼의 존재 그 자체로 고마워요. 그냥 밤토끼만으로 고마워요. 더 건강한 마음, 더 잘 살고, 더 성숙하고 그런 것은 밤토끼에 대한 고마움을 가감시킬 수 없어요. 그런 행위가 아닌 존재에 대한 고마움이니까요. 고마움이 사랑이에요.

밤토끼

답글 봤어요.

글을 보니 눈물이 뚝뚝 흐르네요.

신에게도 감사해요.

낮토끼를 밤토끼에게 보내주고

좁디좁은 생각의 폭을 넓혀줘서요.

내 마음대로 할 거야

밤토끼

Liver : 가로막 아래 우상복부에 위치한 장기로 탄수화물대사, 아미노산 및 단백질 대사, 지방 대사, 담즙산 및 빌리루빈 대사, 비타민 및 무기질 대사, 호르몬 대사, 해독 작용 및 살균 작용 등의 주요 기능을 담당한다. 간의 기능으로는 탄수화물 대사, 아미노산 및 단백질 대사, 지방 대사, 담즙산 및 빌리루빈 대사, 비타민 및 무기질 대사, 호르몬 대사, 해독 작용 및 살균 작용 등 다수의 대사 작용이 있다. 이렇듯 간은 여러 중요한 기능을 담당하므로 간의 기능이 저하되면 간염, 유육종증, 지방간, 알코올성 간 질환, 간암, 간경변증, 임신 중독증, 비호지킨 림프종, 윌슨 병, 라이 증후군, 기타 신생아 황달, 간흡충증, 간농양, 간혈관종 등 여러 임상적 문제가 발생한다.

그래, Liver 네가 엄마의 생명을 앗아갔구나.

나도 매번 정기적으로 검사를 받는다. 간이 좋지는 않다. B형 간염 수치가 높다. 난 그래서 술을 먹으면 안 된다. 그런데 가만히 생각해 보면, 내가 정말 자유롭고 뇌 회로가 마구 돌아갈 때가 술을 먹고 취했을 때이다. 난 착한 엄마와 자상한 아빠 밑에서 자라서 반항이나 일탈을 해본 적이 없다. 반항이라고 한 것은 문을 크게 쾅 닫는 정도였다. 고등학교 시절 친구들이랑 밤에 영화 보고 싶다고 했을 때, 아빠의 위험해서 안 된다는 말에 별다른 말도 못 하고 방에서 울기만 했다.

일탈? 내 삶에 없는 단어였다. 사실 지금도 그렇다. 전에 간이 좋지 않아서 걱정은 됐지만, 거하게 취한 적이 있었다. 뭐지? 너무 자유롭고 내가 정말 하고 싶은 대로 할 수 있었고 하고 싶은 말도 막 해버렸다. 정말 즐거웠다. 하지만 간이 좋지 않아서 그 이후로 술을 먹진 않았다. 착한 밤토끼. 말 잘 듣는 밤토끼. 시키는 대로 잘하는 밤토끼. 다하기 싫을 땐 술을 먹고 싶어졌다. 세상이 마구 도는데, 웃음이 나왔다. 술이 깨면 다시 미치게 웃어댔던 밤토끼가 그리워지곤 했다. 하지만 술을 계속 먹을 수는 없었다.

집에 혼자 있으면 나름 자유롭게 지내본다. 밥 먹을 때 한입 먹고 티브이 보다가 갑자기 다른 반찬을 먹고 싶어서 뜯어서 먹다가 버리고, 10분이 지나서 다른 반찬 뜯어서 먹다가 버리고, 그렇게 한 시간 동안 마음대로 식사한다. 매우 재밌다. 세상에 내 마음대로 할 수 있는 일이 별로 없는데, 한 시간 동안의 식사 시간에는 진짜 웃기고 재밌다. 그러다 침대에 누워서 자다가 일어나서 뭐 할지 계획을 세우고 나가지 않는다. 내 마음대로 할 거야.

그리고 자기 전 뿌듯한 맘으로 잔다. 간이 나빠질 만한 행동은 안 하지만, 좋아질 행동도 안 한다. 나는 알면서 안 하는 게 너무 많다. 줄곧 착한 밤토끼로 살았는데 그냥 내가 하고 싶은 대로 막하고 사는 밤토끼가 되고 싶다. 오늘은 맘에 안 든다. 밤토끼.

낮토끼

글이 재미있어요. 드라마가 재미있으면 다음 편이 기다려지잖아요. 밤토끼의 글이 그래요. 한 줄을 읽으면 다음 줄이 기다려져요. 밤토끼에게는 서사, 이야기의 힘이 있어요. 아직 마음껏 표현하지 못해서 그렇지 담긴 이야기가 많아요. 고기도 먹은 사람이 더 잘 먹는다고 하잖아요. 밤토끼의 표현력도 밖으로 나오는 만큼 더 풍성해질 거예요. 일탈해보지 못했다고 했죠. 세상에 마음대로 할 수 있는 게 많지 않은데, 글은 무한한 일탈이 가능해요. 삶의 일탈이 적은 사람이 작가라는 생각이 드네요. 일상에서 못한 일탈을 책 속에서 마음껏 하는 것인지도 몰라요.

먹다 버리고, 새로운 반찬을 뜯어서 먹다 버리고 그렇게 한 시간 동안 밥을 먹는 밤토끼의 모습이 그려지면서 보기 좋았어요. 사람들이 반복하는 착각이 '자유'를 너무 거창하게 생각한다는 점이에요. 회사를 그만두고 세계 일주를 떠나는 것처럼 말이에요. 그러면 우리는 평생 자유롭지 못할지도 몰라요. 아니면 매우 작은 자유만 경험하겠죠. 우리에게 필요한 자유는 세계 일주가 아니라 일상의 작은 선택일 거예요. 밤토끼의 한 시간의 만찬처럼요. 물론 밥을 적정한 시간동안 반찬을 남기지 않고, 골고루 먹으면 좋겠지만요. 그런데 여기서 '적정한'이란 단어를 한번 생각해 봐야 해요. 누구를 위한 적정함인지, 왜 적정한지, 아니면 어떤지를요.

적정함을 다수가 인정하면 사회규범이 되고, 합의하면 규칙이 되죠. 국회가 의결하면 법이 되고요. 물론 공동체 생활을 위해서 지켜야 하는 최소한의 규범과 규칙과 법이 있어요. 나를 위해서 남의 자유까지 침해하면 안 되니까요. 그러나 남에게 직접적인 위해를 끼치는 행위가 아니라면 나의 자유를 속박해서는 곤란해요. 그건 착한 것도, 바른 것도 아닌 자유를 구속한 것에 지나지 않아요. 부모와 사회가 자유를 속박하는 대표적인 전략이 공동체를 위해서, 미래를 위해서 착하고 바르게 살기예요.

카잔차키스가 쓴 '그리스인 조르바'에 보면 자유의 양면을 적나라하게 보여줘요. 주인공 조르바는 사람들이 보기에는 미치광이고 사회 구성원의 자격이 없는 한심한 사람이에요. 그런데 정작 조르바는 그런 사람들의 시선에 신경을 쓰지 않고, 오히려 더욱 심하게 이탈해요. 사람들이 보기에 조르바는 미치광이지만, 조르바는 누구보다 자신을 삶을 자유롭게 누리는 사람이에요. 작가가 조르바를 통해서 세상에 질문해요. 어떻게 살아야 하는지? 진짜 자유가 무엇인지를요.

한 시간의 만찬 같은 일상의 자유를 더 많이 만들면 좋겠어요. 격렬히 응원해요. 내가 마음대로 할 수 없는 것으로 힘들지 말고, 그나마 내가 할 수 있는 작은 것부터 '마음대로'였으면 좋겠어요. 작은 것에서 자유를 얻어야 더 큰 자유를 얻는다는 의미가 아니에요. 그냥 지금 누릴 수 있는 자유를 놓치지 않으면 좋겠어요. 조르바는 내일이 없는 것처럼 오늘 생이 끝나는 사람처럼 자유로웠어요. 우리는 자유의 내용을 자꾸 생각하는데, 내용보다 시간이 더 중요하다고 말하는 것 같아요. 밤토끼의 한 시간의 만찬은 그래서 자유예요.

4장

엄마가 되었다

이젠 난 혼자가 아닌데
배 속에서 꿈틀대는 아이를 위해 강해져야 하는데,
다시 한번 스무 살의 밤토끼로 돌아가 버릴 것 같아서 무서워요.

그렇게 되지 않으려면 어찌해야 하는 걸까요?
아기는 태어나서 수술하면 되는 건데,
잘 다잡았던 마음이 다시 제자리걸음이네요.

선물처럼 아기가 생겼어요

밤토끼

수많은 이야기 중에서 이 이야기를 먼저 해야 할 것 같아요. 엄마를 떠나보내고, 충분히 힘들어하고, 충분히 울지 못해서 지금에 와서야 아픈 것 같아요. 엄마가 떠나고, 건강과 죽음에 대한 두려움은 항상 불안을 만들어 냈어요.

늘 불안했고 그 불안은 삶을 흔들기 충분했죠. 숨기기를 잘했는데, 이제 잘 숨겨지지도 않아요. 불쑥 튀어 오르는 불안을 잡아다가 마음 깊은 곳으로 구겨 넣었지만, 그대로 다시 나와버려 당황하곤 했어요. 내가 죽으면 우리 아빠는 어떡해…. 하나뿐인 내 동생은 어떡해… 오빠는 어떡해…. 너무 무서워요.

어떤 생각과 감정인지 모르겠지만, 아기를 갖는 것에도 많은 걱정이 있어요. 내가 사랑하는 아기를 두고 떠나면 어쩌지? 우리 엄마는 나랑 동생을 두고 어떻게 떠났을까? 생각하면 눈물이 나요. 얼마나 가기 싫었을까? 이런 생각에 아기를 갖는다는 게 가늠이 안 되더라고요.

그런데 정말 선물처럼 아기가 생겼어요.

내게 아기가? 햇살처럼 나를 따뜻하게 비춰줄 아기가 생겼어요. 그전에 있던 두려움과 불안은 잠시 접어두고 행복, 용기, 의지가 생겼어요. 아기 태명은 햇살이예요. 햇살이가 우울과 불안에 빠져 있던 저를 따뜻하게 해줄 것 같아요. 아직 너무 극초기라 알리기 이르지만, 낮토끼에게 좋은 소식을 먼저 알리고 싶었어요. 사람에게 있어 동기가 얼마나 중요한지를 깨닫게 되었어요. 햇살이로 인해서 글쓰기가 어떻게 이어질지 모르겠지만, 이것 하나는 분명해요. 더 풍성하고 솔직한 글이 나올 거예요.

낮토끼

음….

위대한 자연의 풍경에 압도당할 때 뭐라 표현할 길이 없죠.

우리가 가진 언어의 한계예요.

뭔가 많은 이야기를 쓰고 싶은데 더 표현할 길이 없네요.

아직 보이지도 않는 햇살이가 사랑스럽네요.

낮토끼의 마음을 햇살이에게 꼭 전해주세요.

배 속에서 아픈 아이

밤토끼

햇살이가 생기기 전엔 나는 어떻게 살았을까를 생각해보면, 속으로 울고 불고하며 괜찮은 척 살았어요. 그냥 이만하면 괜찮지, 회피하며 살았어요. 어느 날은 너무 좋을 만큼 행복해요. 어느 날은 너무 힘들 만큼 우울해요. 어느 날은 너무 시시할 만큼 평범해요. 어느 날은 너무 속 편하다 싶을 만큼 인정해요. 어느 날은 너무 착하다 싶을 만큼 이해해요. 어느 날은 너무 무심하다 싶을 만큼 빨리 돌아서요. 그날의 감정에 빠져 자신을 질책하기도 했지만, 칭찬을 해준 적은 없어요.

그렇게 용기가 있지도 않고, 그렇게 머리가 좋지도 않고, 그렇게 잘 하는 것도 없고, 그렇게 뛰어난 것도 없지만, 햇살이가 생긴 걸 알고 나서부터는 내가 햇살이에게 만큼은 참 강하고 좋은 사람이 될 자신감이 샘 솟았어요. 평소에는 그냥 지나치던 모든 것들이 왜 이렇게 세포 하나 하나 느꺼지는지. 그냥 행복했어요. 모든 게.

그런데 건강할 거라고 너무 자만했던 것일까? 햇살이를 가졌다고 너무 행복해했던 것일까? 햇살이는 배 속에서 아무것도 모른 채 천진난만하게 놀고 있지만, 난 문득문득 뜨거운 눈물이 흘렀어요. 혹시나 내 눈물이 햇살이에게 들킬까 걱정이 돼서 눈물을 참아도 보지만 속수무책으로 흐르는 눈물은 어쩔 수가 없었어요. 모든 게 다 걸려요. 한없이 속상하고 우울해져요. 배 속에서 움직이는 햇살이를 보고 있으면 한없이, 주책없이 눈물이 흘러요. 어디서부터 잘못된 것일까? 생각하고 생각해도 마주한 현실 앞에서 난 눈물만 흘릴 수밖에 없었어요.

햇살이는 내 배 속에서 조금 다쳐서 아플 뿐이야!
태어나서 치료하면 그만이야!

자고 일어나면 모든 게 꿈이길 바라면서, 모든 걸 잊고자 하루 종일 잠을 자면 잠시라도 잊을 수 있어서 좋았지만, 깨고 나면 다시 현실이죠. 햇살이는 내 배 속에서 꿈틀대고 건강하게 살아 숨 쉬고 있어요. 하루하루 커가는 햇살이를 위해 제가 할 수 있는 일을 하자고 매번 다짐해요. 엄마가 아프고 돌아가셨을 때 모든 걸 회피하고 내 자신을 아프게 했지만, 지금은 그렇지 않아요. 더 이상 숨지 않고 꺼내놓고 마주할 거예요. '왜 나한테 이런 일이, 왜 나의 아이한테만 이런 일이'라는 생각은 접어두고 앞으로 햇살이와 누릴 행복한 날을 생각하며, 내가 할 수 있는 최선의 행동을 할 거예요.

왜냐면 난 햇살이의 하나뿐인 엄마고, 불안하고 흐렸던 내 마음을 햇살로 따뜻하게 말려준 아기에게 꼭 사랑으로 보답해 줄 거예요. 햇살과 밤토끼. 상반된 느낌이지만, 햇살의 따뜻함으로 밤토끼를 살렸다고, 너는 이미 모든 걸 했다고 나중에 햇살이가 크면 이 글을 보여줄 거예요. 너는 진짜 대단한 존재야. 고마워 햇살아.

낮토끼

유재하의 노래를 좋아해요. '내 마음속에 비친 내 모습'은 최애 곡이죠. 어제 오후에 유튜브의 알고리즘이 저를 악뮤 이수현 버전으로 안내했어요. 금요일에 막히는 퇴근길이 짧게 느껴졌어요. 듣고 또 듣고, 다른 사람의 버전으로 듣고, 그러다 유재하의 원곡으로 듣고, 오늘 아침에 출근하면서도 들었네요.

붙들 수 없는 꿈의 조각들은
하나 둘 사라져 가고
쳇바퀴 돌 듯 끝이 없는 방황에
오늘도 매달려 가네

거짓인 줄 알면서도 겉으론 감추며
한숨 섞인 말 한마디에
나만의 진실 담겨 있는 듯

밤토끼의 글을 보면서 유재하의 노래가 생각난 게 운명처럼 느껴지네요. 밤토끼는 말했죠.

어느 날은 너무 좋을 만큼 행복해요. 어느 날은 너무 힘들 만큼 우울해요. 어느 날은 너무 시시할 만큼 평범해요. 어느 날은 너무 속 편하다 싶을 만큼 인정해요. 어느 날은 너무 착하다 싶을 만큼 이해해요. 어느 날은 너무 무심하다 싶을 만큼 빨리 돌아서요.

유재하의 가사와 글자만 달랐지 똑같은 내용이네요. 쳇바퀴 돌 듯 끝이 없는 방황에 오늘도 매달려 가는 우리들의 모습이요. 거짓인 줄 알면서 겉으로 감추는 우리들의 일상이요. 한숨에만 진실이 담기는 우리들의 하루가요. 그런 반복되는 쳇바퀴에 고정된 시선을 하늘로 열어준 고마운 존재가 햇살이네요. 진짜 사랑이 그렇답니다. 똑같은 현실인데 다른 세상을 경험하게 만들거든요. 회사도 가정도 나도 변한 건 없는데 사랑은 무슨 능력인지 별안간 다른 차원의 세상을 만듭니다.

햇살이 소식에 감격하던, 다른 세상을 날마다 경험하며 신기해하던 밤토끼의 상기된 목소리가 기억나요. 저도 신기했어요. 이렇게 달라질 수도 있나 싶어서요. 그런데 그 기쁨을 온전히 다 누리기도 전에 햇살이의 아픈 소식을 접했네요. 이제 시작인데 기쁨을 누린 시간이 너무너무 짧고 야속하네요.

'햇살이의 하나뿐인 엄마'

글을 읽으면서 위 문장에 줄을 쳤어요. 빨간색으로 글자 색을 바꾸고 글자를 응시했어요. 한 문장이 가진 힘이 이렇게 클 수도 있네요. '하나뿐인 엄마'가 가진 힘을 무엇으로 대신할 수 있을까요? 밤토끼가 엄마라는 것을 새삼 알려주네요. 그래요. 밤토끼는 엄마예요. 돈과 명예와 힘으로 하지 못하는 생명을 잇는 유일한 존재, 엄마네요. 그동안 우리가 나누었던 글의 다른 서막이 열렸음을 밤토끼의 글 '햇살이의 하나뿐인 엄마'에서 깨닫네요.

그동안 우리의 글에는 밤토끼와 낮토끼가 주인공이었는데, 햇살이가 등장했어요. 진짜 주인공은 중요할 때 마지막에 나오는 법이지요. 앞으로 이어질 햇살이 이야기가 궁금해요. 햇살이 엄마와 엄마의 친구가 나눌 이야기가 기다려져요.

+ 덧붙임

햇살이에게 사랑으로 보답한다고 했지요? 사랑의 다양한 표현법이 있는데 오늘은 '솔직함'을 권하고 싶네요. 아이가 엄마에게 바라는 한 가지는 있는 그대로 전하는 엄마의 감정이 아닐까요? 강한 엄마, 아픔을 극복한 엄마, 시련에 맞서는 엄마보다 약함을 인정하는 엄마, 아플 때는 눈물짓는 엄마, 두려움을 숨기지 않는 엄마 말이에요.

'햇살이는 배 속에서 아무것도 모른 채 천진난만하게 놀고 있지만, 난 문득문득 뜨거운 눈물이 흘렸어요. 혹시나 내 눈물이 햇살이에게 들킬까 걱정이 돼서 눈물을 참아도 보지만 속수무책으로 흐르는 눈물은 어쩔 수가 없었어요'

햇살이에게 감정을 표현하려 노력하지 않아도 돼요. 왜냐면. 지금은 엄마의 감정이 햇살이의 감정이기 때문이에요. 엄마의 기쁨이 햇살이의 기쁨이 되고, 엄마의 슬픔이 햇살이의 슬픔이 된답니다. 지금 햇살이는 우리가 생각하는 기쁨, 슬픔의 희로애락이 아닌 엄마의 감정을 똑같이 경험해요. 기쁜 게 좋은 감정이 아니고 엄마와 일치된 감정이 좋은 감정이에요. 우리가 지난 시간 동안 연습한 게 현재의 감정을 인정하고 솔직하게 표현하는 거였잖아요. 햇살이가 있다고 달라지지 않는다고 생각해요. 아니 오히려 더 필요하게 되었지요. 우리를 위해서도 햇살이를 위해서도요.

이제 와 뒤늦게 무엇을 더 보태려하나
귀 기울여 듣지 않고
달리 보면 그만인 것을
못 그린 내 빈 곳

무엇으로 채워지려나

차라리 내 마음에 비친 내 모습 그려가리

거짓인 줄 알면서도 속으로 감추고 쳇바퀴 돌 듯 살아간다고 말하는 유재하의 노래가 이렇게 끝을 맺어요. 후회의 소리 듣지 말고 지금 내 마음의 소리를 듣자고요. 뒤돌아보지 말고 내 마음을 보자고요. 그런 다짐으로 '차라리 내 마음에 비친 내 모습 그려가리'라고 힘주어 말하네요. 햇살이와 지금의 감정을 나누세요. 그게 아픔이건 슬픔이건 기쁨이건 중요하지 않아요. 햇살이와 동일한 감정을, 같은 시간에 공유한다는 기막힌 사실이 있잖아요. 그렇게 햇살이와 그려가세요. 행복은 문제가 없는 기쁜 상태가 아니라 솔직한 감정을 누군가와 나누는 지금, 이 순간이랍니다.

✦
이제 엄마를 보내드렸어요

밤토끼

연애 6년, 결혼 6년 만에 찾아온 햇살이는 내게 새로운 경험을 선사하고 있어요. 나는 살면서 큰 욕심이 없었어요. 시도하고 영 내 스타일이 아니면 금방 포기하곤 했어요. 포기하는 게 어떤 사람에게는 힘든 일일 수도 있지만 나는 포기라는 게 조금도 힘들지 않았어요. 그런 나를 보고 부모님은 허허 웃고 넘어가 주었어요.

이번에 햇살이가 아프다고 양수 검사를 추가로 해보자고 했는데 하지 않았어요. 해본들 안 좋다고 어찌할 수 없는 일이니, 배 속에서 잘 키워서 낳자고 합의했어요. 햇살이 일에 있어서는 포기도 타협도 하지 않겠다는 마음속 굳은 다짐을 했어요.

스무 살에 엄마가 돌아가셨을 때, 바보같이 흘려보낸 시간을 붙잡고 15년을 포기도 못 하고 끙끙 앓으면서 끌고 왔는데, 서른여섯의 나는 쓸데없는 잔가지들을 열심히 쳐내 가며 맞서기로 했어요. 지금까지의 밤토끼는 무기도 없이 전쟁터에 있었다면 현재의 밤토끼는 무기를 장착하고 싸울 준비가 되었어요. 계속 실패할 수도 있겠지만, 계속 노력할 거예요. 그렇게 하길 밤토끼의 엄마가 바란다고 믿으면서요. 오늘은 왠지 제가 기특하네요.

낮토끼

기특한 정도가 아니에요. 훌륭해요. 인간이 부르기에 가장 어려운 곡이 모차르트 오페라 '마술피리'의 밤의 여왕이라고 하죠. 조수미의 완벽한 소화로 유명한 곡이고요. 돌고래 소리가 이어지는 곡인데, 완벽하게 소화한 조수미의 피날레에 사람들이 찬사를 쏟아내지요. 그런 찬사에 찬사를 더해서 이번 글의 밤토끼에게 드려요.

옛 어른들이 애를 낳고 길러야 어른이 된다고 하잖아요. 그래서 나이가 들어도 결혼해서 애를 낳지 않으면 상투를 틀지 않고요. 농경을 위한 자녀 생산과 유교의 충효 사상의 영향도 있지만 꼭 그렇게만 해석하지 않아도 결혼하고 자녀를 양육하면 다른 차원의 세상을 경험하면서 그 말의 의미를 알게 돼요. 햇살이를 임신하기 전과 후의 시간 차가 그리 길지는 않았죠. 그런데 글의 톤과 내용은 다른 사람인가 싶을 정도로 아주 달라요.

훌쩍 큰 정도가 아니라 다른 사람이 된 것처럼요.

솔직하게만 쓴다면 글에는 저자의 생각과 감정이 담겨요. 지금까지 밤토끼의 글도 예외는 아니었어요. 고민하고 떨리고 표현에 익숙하지 않은 밤토끼의 마음이 글이 되었어요. 그래서 밤토끼의 글은 단호하지 않고 마침표가 분명하지 않았어요. 현재 진행형의 고민과 여운이 남아서지요. 그런데 이번 글에서는 톤이 분명해진 변화가 생겼어요.

포기도 타협도 하지 않겠다는 마음속 굳은 다짐을 했어요. 쓸데없는 잔가지들을 열심히 쳐내 가며 맞서기로 했어요. 현재의 밤토끼는 무기를 장착하고 싸울 준비가 되었어요.

'않겠다, 굳은 다짐, 맞서기로, 무기, 싸울 준비' 지금까지 밤토끼의 글에 없던 단어들의 향연이 펼쳐지네요. 전 이런 단어들이 단순히 문체의 변화라기보다 밤토끼의 햇살이를 향한 사랑 고백이란 생각이 들었어요. '햇살아, 사랑해'를 포기도 타협도 하지 않겠다고 말하는 거예요. '햇살아, 사랑해'를 맞서기로 했다고. '햇살아, 사랑해'를 싸울 준비가 되었다고 대신하는 거죠.

밤토끼의 엄마가 그러길 바랄 거라 믿는다고 했죠. 제 생각에는 밤토끼의 엄마가 이제는 되었다고 하실 것 같아요. 만약에 가문의 대를 잇는 징표가 있다면, 오늘 밤토끼에게 그 징표를 주면서 이렇게 말씀하셨을 것 같아요. '집을 믿고 맡길 수 있겠구나. 이제는 너 혼자 충분히 해 낼 수 있겠어. 이제 내 역할은 여기까지구나'라며 말이죠. 지난 시간 밤토끼가 엄마를 못 보낸 부분이 있었다면, 마찬가지로 엄마도 아쉬움과 안타까움이 있었을 거예요. 그런데 오늘 밤토끼의 글로 엄마도 더 편히 밤토끼를 안타까움이 아닌 대견함과 기특함과 기쁨으로 내려놓을 수 있을 거예요.

이제 지난 15년 시간 속의 엄마를 보내주세요. 오늘 엄마가 밤토끼의 글을 보고 보낸 것처럼 말이에요. 아니 밤토끼는 이미 그렇게 했네요. 그래서 이렇게 글을 쓴 거겠죠. 지금 카페에서 글을 쓰고 있는데 오늘따라 햇살이 눈 부시네요. 구름 없는 파랑에 햇살만 가득합니다. 꼭 신께서 우리들의 대화를 그림으로 그려 놓으신 것처럼요. 고마워요. 밤토끼. 고맙다. 햇살아.

밤토끼

글을 쓰면서 엄마를 자연스럽게 보내 드렸어요. 더 이상 엄마가 없는 삶에 나를 넣어서 슬픈 나로 마주 보지 않아요. 엄마한테 햇살이의 건강을 바랐지만, 지금은 그냥 엄마를 그려놓은 그림을 보면서 미소만 지어요. 행복하지? 건강하지? 그냥 이 두 가지만 여쭤봐요. 엄마는 잘 있다고 말해주는 것 같아요. 그럼 된 거죠. 이젠 햇살이와 함께할 날에 대해 생각하며 행복할 거예요.

엄마가 그러라고 웃어주네요.
엄마가 잘 보내줘서 고맙다고 미소 짓네요.

제자리걸음

밤토끼

어렸을 때 살던 집이 아직도 생생해요. 골목을 따라 올라가면 큰 대문이 있고 안으로 들어가면 네 개의 집이 있었어요. 제일 안쪽 집이 우리 가족의 집이었어요. 안방, 작은방, 그리고 밖으로 나가야 있는 방 세 개가 있었죠. 저는 여자라고 작은 방을 썼어요. 씻는 곳은 한 명이 겨우 들어갈 정도로 작았고 화장실은 우리 집 쪽에서 가장 끝 쪽에 있는 곳에 있었어요. 여름엔 냄새나고 겨울엔 꽝꽝 얼어버리는 그런 화장실이었죠. 오래된 집이라 그런지 쥐도 자주 방에 들어오고 현관문 안전장치도 허술했어요. 그래도 가족이 함께해서 그렇게 힘들지 않았던 것 같아요. 누군가를 부러워하거나 갖지 못한 것에 대한 한스러움은 없었어요.

엄마가 돌아가시고서는 엄마랑 해보지 못했던 것에 대한 아쉬움으로 눈물짓곤 했지만, 다시 일상으로 돌아가야 했어요. 하지만 내가 아이를 갖고 아이가 아프다는 사실을 알고 나서부터는 하루에도 몇 번씩 곱씹고 곱씹으면서 하루를 보내고, 건강한 아이들을 보면 몹시도 부러워하고 있어요. 잘해보겠다는 다짐은 또 어딘가로 도망가 버렸어요.

왜 내 아이는 아픈 걸까? 왜 나는 계속 이렇게 슬퍼야 하는 걸까?

긍정적으로 생각해 보려다가도, 결국엔 다시 제자리걸음이에요. 이젠 난 혼자가 아닌데 배 속에서 꿈틀대는 아이를 위해 강해져야 하는데, 다시 한번 스무 살의 밤토끼로 돌아가 버릴 것 같아서 무서워요. 그렇게 되지 않으려면 어찌해야 하는 걸까요? 아기는 태어나서 수술하면 되는 건데, 잘 다잡았던 마음이 다시 제자리걸음이네요.

낮토끼

제자리걸음이란 말이 저에게 하는 말 같네요. 이유는 다르지만, 제자리를 벗어나지 못한 느낌은 언제나 주기적으로 찾아오거든요. 제가 말한 건 느낌이에요. 사실은 그렇지 않아요. 10년 전의 나를 돌아보면, 일기장을 펼치고, 블로그의 습작을 보면 제자리는 분명 아니에요. 나도 알아요. 그런데 제자리인 듯한 이 느낌은 미세먼지가 찾아오듯 정기적으로 방문하네요.

밤토끼의 제자리걸음은 그 느낌이 훨씬 강하겠죠. 제자리걸음을 너무 부정적으로만 생각하지 않으면 좋겠어요. 그래도 걸었잖아요. 제자리 멈춤보다는 낫잖아요. 멈춰서 아무것도 안 하고 신세 한탄, 원망, 좌절만 하지는 않았어요. 밤토끼는 가만히 있지 않았어요. 일어났고 무엇이라도 하려고 힘을 냈어요. 결과가 원하는 만큼은 아니고 당장에 문제가 해결되지는 않았어도 밤토끼는 걸었어요. 그 걸음이 설령 제자리였어도 밤토끼의 최선이었어요.

거리의 철학자라고 불리는 강신주 박사가 죽음을 세 가지로 정의했어요. 나의 죽음, 너의 죽음, 그들의 죽음으로요. 우리를 슬프게 하는 것은 너의 죽음이라고 하네요. 그들의 죽음으로는 슬프지 않아요. 모르는 사람의 죽음으로 슬퍼하지 않는 것처럼요. 나의 죽음은 슬퍼할 주체가 사라졌으니 말할 것도 없고요. 그러면서 이런 일갈을 하네요. 죽을 때 슬픈 사람이 나의 사람이고 사랑이라고요. 엄마의 죽음은 당연히 '너의 죽음'이었죠. 다시 말해 밤토끼의 사랑이었던 거예요. 그래서 그리도 오랫동안 슬픔이 가시지 않았던 거죠. 사랑의 크기만큼이나 사랑의 다른 이름인 그리움으로요.

그럼, 햇살이는 밤토끼에게 어떤 존재일까요? 햇살이는 물리적으로는 '너'이지요. 그러나 실제로 밤토끼에게 햇살이는 남이 아니고 자신과 같아요. 타자이면서 타자로 분리되지 않는 존재가 햇살이예요. 자녀에게 부모는 '너'이지만, 부모에게 자녀는 그렇지 않아요. 그래서 내 생명처럼, 아니 나보다 더 아끼고 사랑하죠. 그런 존재인 햇살이가 세상에 나오기도 전에 아프다는 소리를 들었는데 어떻게 아무렇지 않을 수 있겠어요. 어떻게 마음 굳게 먹고 긍정적인 마음만 가질 수 있겠어요. 사랑하니까 걱정하고, 그리우니까 염려한답니다.

햇살이를 위해서 강해질 필요 없어요. 지금처럼 오늘의 걸음만 걸으세요. 다시 제자리로 돌아와도 괜찮아요. 중요한 것은 햇살이와 함께 걷고 있다는 사실이에요. 어디를 가느냐보다 누구와 가느냐가 여행의 관건이란 말이 있죠. 똑같아요. 햇살이와 함께 걷는 게 중요해요. 어디로 가느냐? 얼마나 강한 사람이 되느냐? 어떤 집에서 사느냐? 그런 질문보다 중요한 햇살이가 있네요. 햇살이는 강한 엄마를 바라지 않고, 그렇다고 약한 엄마를 원하지도 않아요. 햇살이가 원하는 건 밤토끼의 존재 그 자체랍니다. 햇살이 위에 손을 살포시 올리고 오늘 하루의 걸음을 걸으세요.

미리 안 겪어본 일로 아프지 말자

밤토끼

───

'제자리걸음' 글을 쓰고 난 이후 가는 산책이라 발걸음이 왠지 무거워요. 잘 오다가 뭔가 삐끗한 느낌이 들어요. 특별한 일이 없으면 산책하러 나가요. 15분을 걸어가면 공원이 있는데 등산로같이 오르락내리락하기 좋아요. 소나무가 빽빽하게 우거진 곳을 바라보면 유명한 수목원에 온 것 같은 기분이 들어요. 소나무가 있는 곳은 바람이 불어도 춥지 않아요. 그러다가 재미없이 휑한 길이 나오면 온갖 바람을 다 맞아가며 힘겹게 걸어가요. 잘 정리된 길을 걷다가 울퉁불퉁한 길을 걷는데 이게 지금 내 상황인가 싶기도 하고, 산책하면서 이런저런 생각이 드네요.

가다가 하얀 꽃가루가 흩날리는데 알레르기 있는 사람들은 난리 나겠지 생각하면서 꽃가루를 피하며 계속 걸어갔는데 흩날리는 것은 꽃가루가 아닌 눈이었어요. 차갑게 내 볼 위로 떨어지는 눈을 보면서 아 꽃가루가 아니라 눈이 오고 있었구나 생각했어요.

내 상황도 힘들게만 생각하면 피해야 하는 꽃가루일 텐데, 알고 보면 하얀 눈처럼 예쁜 것일 수도 있겠다는 생각이 들었어요. '아직 안 겪어본 일로 미리 마음 아프지 말자! 예쁘고 찬란하게 빛나는 것일 거야'라고 마음을 다잡고 집으로 돌아왔어요.

낮토끼

밤토끼에게 함께 쓰는 글을 제안한 첫 번째 이유는, 밤토끼의 생각과 감정을 쏟아낼 기회가 되길 바라서였어요. 또 하나의 이유는 밤토끼의 재능이었구요. 아팠던 지난 시간을 되돌아보니 밤토끼를 필명으로 어두운 면이 많이 나오지만, 밤과 낮이 하나인 것처럼 밤토끼에게는 무진장 밝고 순수한 면이 있어요. 재미있는 사람이에요.

삶이 글이 되잖아요. 밤토끼의 그런 면이 글에도 나타나요. 특히 이번 글에 그런 밝음과 에세이스트 재능이 담겼네요. 매일 산책하는 뒷길과 거기서 만난 눈송이를 이렇게 표현하는 건 아무나 하는 건 아니랍니다. 일상을 관찰하고 느끼고 생각하는 표현력이 있어야 가능한 일이에요.

글을 읽다 보면 드론에 매달린 카메라가 밤토끼의 산책을 쫓아가는 것 같아요. 소나무 숲 사이의 고요함이 느껴지다가 바람이 불어닥치고 몸을 움츠리는 모습이 눈에 선해요. 밤토끼가 밟은 땅의 울퉁불퉁한 질감이 전해지고, 때아닌 꽃가루가 눈송이로 변하는 장면이 영화의 클로즈업처럼 좁혀졌다가 밤토끼와 햇살이로 다시 옮겨지네요. 그렇게 밤토끼의 영상에 푹 빠져서 있는데 감동의 엔딩자막이 올라오네요.

'피해야 하는 꽃가루가 예쁜 눈송이가 되었어요. 미리 아프지 마세요. 찬란하게 빛날 거예요'

지금처럼 보고 듣고 생각하고 느낀 것을 글로 부지런히 옮기면 좋겠어요. 밤토끼의 첫 독자인 낮토끼가 기다립니다. 본방 사수하는 드라마의 다음 회를 기다리는 것처럼요. 밤토끼는 부끄러움 많은 에세이스트예요.

사랑을 얻었으니 무엇이든지

밤토끼

지나가는 길에 담벼락 사이에 있는 몽실거리는 귀여운 강아지풀들을 보며 문득 얻는다는 것은 무엇일까? 생각해 봤다. 이 세상에 쉽게 얻는 것은 없다. 얻지 못해 갈망하고 눈물짓고 최후에는 나쁜 생각도 한다.

좋은 부모를 얻는 것
좋은 형편을 얻는 것
좋은 형제를 얻는 것
좋은 친구를 얻는 것
좋은 직장을 얻는 것
좋은 사람을 얻는 것

그중에서 가장 얻기 힘든 건

아마도 사랑인 것 같다.

부모가 나를 사랑하는 것?
형제가 나를 사랑하는 것?
친구가 나를 사랑하는 것?
사람이 나를 사랑하는 것?

지금까지 그게 중요했다면 이제는 아이의 사랑을 얻는 것이 가장 중요해졌다. 난 아이의 사랑을 얻을 충분한 자격이 있는가? 묻는다면 100% 그렇다 말할 수는 없겠다. 하지만 난 이미 내 배 속에서 사랑을 얻었고 그것은 바로 세상에서 가장 행복한 사람이라는 것을 깨닫게 되었다.

몽실거리는 강아지풀이 내게 물었다. 사랑을 얻었으니 이제 무엇을 할 것이냐고. 그 질문에 답할 수 있다. 사랑을 얻은 사람은 뭐든 이겨낼 수 있어. 나의 엄마가 6개월 시한부 선고를 받고도 3년을 더 산 것처럼, 아이를 위해 아파도 웃으며, 함께 견디며, 얻은 사랑을 다시 돌려줄 수 있어. 사랑은 아이와 내 세포 하나하나에 새겨져서 삶을 살아가는 힘이 되겠지. 힘들고 마음 약해질 때마다 난 이 글을 아이와 함께 읽을 거야.

낮토끼

자연을 보고 살면서 자연스럽게 쌓이는 감성이 있어요. 감성교육으로 흉내도 내지 못하죠. 제주도 푸른 바다를 보면서 자란 아이와 학원에서 자란 아이의 차이를 생각하면 쉽죠. 물론 부모에게 물려받은 기질도 중요하지만, 환경의 영향은 어마어마하죠. 갑자기 왜 이런 이야기냐면, 지나는 길 담벼락 사이에 있는 강아지풀을 본 밤토끼의 시선 때문이에요. 더욱이 몽실거리며 귀엽다고 표현한 밤토끼의 시선은 어디서 온 것일까요?

밤토끼가 자란 곳이 들과 산이 펼쳐진 대자연은 아니었지만, 엄마와 아빠에게 그런 자연이 있었나 봐요. 아빠의 자유로운 품성과 엄마의 따뜻함이 밤토끼의 시선으로 이어졌나 보네요. 강아지풀을 보면서 떠올린 오늘의 생각은 그래서 밤토끼의 생각이자 밤토끼의 엄마와 아빠의 생각이기도 하네요.

얻는 것과 받는 것의 주체는 '나'예요. 사람과 세상이 나를 위해 존재하는 것이죠. 사랑마저도 나를 위해 존재하는 것이고요. 그런데 진짜 사랑은 나와 너의 콜라보예요. 주는 것과 받는 것이 하나가 되고 어느 순간은 주는 것과 받는 것의 구분이 무의미하게 동시적으로 일어나죠. 지금 햇살이와 밤토끼가 나누는 사랑처럼요.

'하지만 난 이미 내 배 속에서 사랑을 얻었고, 그것은 바로 세상에서 가장

행복한 사람이라는 것을 깨닫게 되었다'

그 사랑이 이런 깨달음을 주는 거예요. 많이 배우고 소유하고 오래 살았다고 알 수 없는, 오직 사랑을 주고받은 사람에게만 주는 선물 같은 깨달음이죠. 평생 인생의 목적으로 고심한 톨스토이가 말년에 작은 수필집에서 사람은 사랑으로 산다고 말했죠. 바로 이런 사랑이죠.

인류의 고전인 성경을 한마디로 요약하면 '사랑'이에요. 세상을 이긴 힘은 그리스 신화에 나오는 신들의 능력이 아니고, 작은 한 청년의 사랑, 그 사랑의 징표인 십자가였어요. 사랑의 힘이죠. 사랑에는 힘이 있어요. 권력과 부와 경험에서 나오는 힘과 비교할 수 없는 다른 차원의 힘이 있어요. 강아지풀의 물음에 '사랑을 얻은 사람은 뭐든 이겨낼 수 있어'라고 말한 밤토끼처럼요.

밤토끼의 말대로 '그 사랑은 아이와 내 세포 하나하나에 새겨져 삶을 살아가는 힘'이 될 거예요. 그 사랑으로 사세요. 그 사랑에 감사하며 사세요. 그래도 불현듯 비바람이 몰아칠 때는, 밤토끼의 다짐대로 이 글을 햇살이와 함께 읽으세요. 비바람이 사라지지는 않겠지만 그때마다 먹구름 위 다른 하늘을 보게 할 거예요. 행복은 비바람 없는 날이 아닌 그럼에도 함께 있는 사람과 누리는 지금입니다.

그랬으면 좋겠다

밤토끼

나는 네가 자주 고개를 들어 하늘을 보고 웃음 지었으면 좋겠다.

나는 네가 자주 나무를 보며 좋은 생각 하며 나무에 위로받았으면 좋겠다.

나는 네가 자주 새싹을 바라보며 귀엽다고 여겨주면 좋겠다.

나는 네가 자주 활짝 핀 꽃을 보며 예쁘다고 생각했으면 좋겠다.

나는 네가 자주 산책을 했으면 좋겠다.

나는 네가 사람들과 걸으면서 많은 생각을 했으면 좋겠다.

나는 네가 나처럼 슬픔의 웅덩이를 파고 헤엄치지 않았으면 좋겠다.

나는 네가 나처럼 슬픔을 혼자 삭히고 눈물을 삼키지 않았으면 좋겠다.

좋으면 좋다 말하고

싫으면 싫다 말하고

힘들면 힘들다 말할 줄 알았으면 좋겠다.

네가 그랬으면 좋겠다.

낮토끼

글을 펼치고 읽으면서 세 단어가 눈에 남습니다.

나는
네가
좋겠다.

너에 대한 소망이 담겨 있습니다. 나는 지금 하늘, 나무, 꽃을 봅니다. 그런데 어디에나 '너'가 있습니다. 하늘에도, 나무에도, 꽃에도 심지어 내 마음의 감정 속에도 있습니다. 내 맘과 세상에 온통 '너'가 있습니다. 밤토끼의 글에 '나'와 '너'와 '좋겠다'가 가득한 것처럼 말입니다.

그래서 위의 세 단어를 다시 써봅니다.

나는
너를
사랑한다.

하늘을 보면서 너를 사랑한다고 말합니다. 나무와 꽃에게도 말합니다. 사랑하는 존재가 잘 되길 바라는 것은 당연합니다. 바라는 정도가 아니라 절실합니다. 똑같은 마음으로 밤토끼를 사랑하는 사람들이 있습니다. 같은 절실함으로 밤토끼에게 말합니다.

밤토끼가 자주 나무를 보며 좋은 생각 하며 나무에 위로받았으면 좋겠다.
밤토끼가 자주 새싹을 바라보며 귀엽다고 여겨주면 좋겠다.
밤토끼가 자주 활짝 핀 꽃을 보며 예쁘다고 생각했으면 좋겠다.
밤토끼가 자주 산책했으면 좋겠다.
밤토끼가 사람들과 걸으면서 많은 생각을 했으면 좋겠다.
밤토끼가 나처럼 슬픔의 웅덩이를 파고 헤엄치지 않았으면 좋겠다.
밤토끼가 나처럼 슬픔을 혼자 삭히고 눈물을 삼키지 않았으면 좋겠다.
밤토끼가 좋으면 좋다 말하고
밤토끼가 싫으면 싫다 말하고
밤토끼가 힘들면 힘들다 말할 줄 알았으면 좋겠다.
밤토끼가 그랬으면 좋겠다.

밤토끼는 누군가의 '너'입니다.

일보후퇴

밤토끼

아기가 아프다는 것을 가족에게 말하기까지 많은 고민과 걱정을 했어요. 근본적인 고민은 무엇이었을까요? 우리 가족은 이미 16년 전 엄마가 돌아가시면서 가족이 아프면 얼마나 고통스럽고 힘든지 뼈저리게 느꼈어요. 지난 16년 동안 아빠, 동생, 나 이렇게 세 명은 각각의 슬픔을 숨긴 채 살아왔기 때문에 가족이 아프다는 이야기를 듣는다면 그때의 슬픈 얼굴을 다시금 떠올릴 수밖에 없어요. 그 슬픈 얼굴을 보기 싫어 아기가 아픈 걸 계속 말하지 못했어요.

"아빠, 아기가 좀 아파서 대학병원에서 낳아야 할 것 같아요"
"아…"

탄식하는 아빠를 정말 오랜만에 봤어요. 목구멍에서 끓어오르는 눈물을 삼키며 말하느라 고생 좀 했어요. 아빠는 가만히 내 이야기를 듣다가 말했어요.

"너 마음고생 많았겠다. 수술하면 되니까 너무 걱정하지 말자"

동생은 눈물을 참는 게 보였고, 그 순간 엄마의 장례식장으로 돌아간 느낌이 들었어요. 축축하고 어둑하고 눈물만 흐르는 그곳이요. 감정이 폭발하기 전에 다시 돌아와 이야기를 끝맺었어요. 아빠가 집까지 태워줘서 같이 차를 타고 가는 중에 나는 아빠의 손을 꼭 잡고 이야기했어요.

"아빠 잘될 거예요. 미안해요. 너무 걱정하지 말아요"

아빠는 말없이 고개를 끄덕였어요. 나를 내려주고 가는 아빠의 뒷모습을 차마 끝까지 보지 못하고 나도 뒤돌아섰어요. 흔들고 싶지 않던 마음을 내가 마구 흔들어 버린 것 같아 죄책감이 들었고 밤새 울었어요. 얼마나 더 파내고 꺼내야 밤토끼는 조금 편해질까요? 그냥 그 자리에서 펑펑 울며 아기가 아픈 게 전혀 괜찮지 않다고 힘들다고 말할 걸 그랬어요. 그럼 더 후련했을 것 같기도 해요. 이제 좀 괜찮아졌나 싶었는데, 뭔가 일보 후퇴한 느낌이에요.

낮토끼

'엄마가 아파 돌아가시면서 가족이 아프면 얼마나 고통스럽고 힘든지 뼈저리게 느꼈어요'

어떤 때는 책 한 권이 아닌 한 문단, 한 문장, 한 단어가 모든 것을 압도하는 때가 있어요. 밤토끼의 격한 호흡이 이어지는 이번 글에서 위의 문장이 그렇네요. 특히 '뼈저리게'는 지난 밤토끼의 글을 더 깊에 이해하는 열쇠예요. 나에겐 뼈에 새겨진 어떤 감정이 있는지를 돌아봤어요. 그리고 이 단어가 가진 무게감에, 노트북에서 잠시 손을 놔야 했네요.

뼈에 너무 깊게 새겨져서 그랬나 보네요. 푸른 하늘을 보다가도 불쑥 올라오는 건, 좋은 음악을 듣다가도 리듬을 멈추게 하는 건, 살랑이는 바람을 거닐다가도 공기가 멈추는 건, 뼈에 새겨진 아픔 때문이었네요. 글을 읽으면서 그런 밤토끼에게 제가 너무 많은 말을 한 것은 아닌지 돌아보게 되었어요. 뼈가 아픈 사람에게 피부를 문지르고 있지는 않았는지요.

'그냥 그 자리에서 펑펑 울며 아기가 아픈 게 전혀 괜찮지 않다고 힘들다고 할 걸 그랬어요'

저도 그랬다면 얼마나 좋았을까 생각했어요. 아빠의 손을 잡고 괜찮다고 말하지 말고 너무 힘들었다고 말했으면 얼마나 좋았을까 생각했어요. 드라마의 슬픈 주인공을 지켜보는 안타까운 시청자가 되어서 이미 지난 일인지 알면서도 간절히 바랐네요. 하지만 드라마는 내 바람과 다르게 이미 찍은 영상인 것처럼 밤토끼의 글은 지난 일이네요.

그런데 밤토끼의 글이 끝나지 않았어요. 드라마는 끝이 있지만 밤토끼의 삶은 이어지네요. '뭔가 일보 후퇴한 느낌'이라며 글을 맺었지만 전 달라진 모습을 봤어요. 밤새 울었던 밤토끼의 모습에서요. 물론 그 순간에 가족과 함께 울지는 않았지만 적어도 울음을 참지는 않았어요. 울지도 않았던 때를 생각하면 일보 후퇴가 아니라 일보 전진이에요.

더 파내지 않아도 돼요. 더 잘할 것도 이겨낼 것도 없어요. 밤토끼의 글로 충분해요. 지금처럼 햇살이와 하루를 시작하고 걸으세요. 뼈에 새겨진 상처는 사라지지 않지만 햇살이가 지금까지 느껴보지 못한 충만한 살을 입힐 거예요. 밤토끼만이 아니라 할아버지의 뼈에 사무친 아픔도 덮을 거예요. 남들은 모르는 삼촌의 근원적 외로움을 덮을 거예요. 물이 바다를 덮음같이 햇살이가 밤토끼 가족의 봄이 될 거예요.

5장

오늘을 산다

햇살이가 생기고선
곧 죽을 것처럼 숨 막히고 힘들어도
신기하게도 곧 아무렇지 않게 괜찮아졌어요.

설마 햇살이가 배 속에서
내 마음을 안정시켜 주고 따뜻하게 해준 걸까요?
마치 햇빛에 빨래가 바싹하게 마르는 것처럼요.

✦ 햇살이를 기다려요

밤토끼

___

햇살이 수건과 배냇저고리를 세탁하기 위해 열심히 세탁기 청소를 했어요. 더 깨끗이 빨래하고 싶어서 평소보다 열심히 세탁기를 닦고 청소했어요. 구겨진 빨래를 탁탁 털고 햇빛에 널고 한참을 바라봤어요. 바싹하게 마른 손수건과 배냇저고리를 만지니 행복한 웃음이 지어졌어요. 문득 평소엔 인식하지 못했던 생각이 들었어요.

햇살이가 없었을 때는 차 안에서 곧 죽을 것처럼 숨 막히고 힘들었고, 밥 먹다가도 소화가 안 돼서 곧 죽을 것 같았고, 울다가 지쳐 살기 싫다는 생각도 했었어요. 왜 그렇게 내면이 눈물로 축축하게 젖어 그리도 힘들었을까 싶었어요.

햇살이가 생기고선 곧 죽을 것처럼 숨 막히고 힘들어도 신기하게도 곧 아무렇지 않게 괜찮아졌어요. 설마 햇살이가 배 속에서 내 마음을 안정시켜주고 따뜻하게 해준 걸까요? 마치 햇빛에 빨래가 바싹하게 마르는 것처럼요.

이젠 슬퍼도 다시 잘 웃고 마음을 다잡고 이겨내고 있어요. 우리 가족 모두 서로를 이해하고 안아주며 태어날 햇살이를 기다릴 거예요.

햇살아 사랑해!

낮토끼

가장 평범한 것이 가장 위대하다고 하죠. 진리는 단순하잖아요. 햇볕 아래 햇살이의 배냇저고리가 그렇네요. 엄마와 아빠의 흐뭇한 모습도 보이는 듯 해요. 빨래는 햇볕이 말리고 슬픔은 햇살이가 말리네요.

지구가 생명이 존재하는 별로 존재하는 건 태양이 있기 때문이에요. 인간이 만든 문명은 햇볕 위에 지은 집이죠. 햇살이 없으면 집도 없어요. 우리네 일상도 마찬가지예요. 저마다의 인생에서 생로병사를 겪고 희로애락의 감정이 끊임없이 반복되어 복잡하게 느껴지지만, 시작은 햇볕이에요. 햇볕이 있어서 생로병사가 있고 희로애락이 있는 거죠.

그런데 당연한 것이 반복되면 잊을 때가 있죠. 숨 쉬고 산다는 사실을 잊는 것처럼 말이에요. 우리는 햇볕의 고마움을 생각하지 못하며 살아요. 우리의 생각과 판단, 컨디션에 상관없이 해는 뜨고 지고, 내일도 내년에도 변함없을 거란 확신 때문이죠. 감사는 당연한 것을 당연하지 않게 받아들이는 거예요. 햇볕을 감사하는 사람은 생명과 존재 하는 모든 것을 사랑해요.

'햇살이가 생기고선 곧 죽을 것처럼 숨 막히고 힘들어도 신기하게도 아무렇지 않게 곧 괜찮아졌어요'

생각해보면 해가 뜨고 지는 것, 빨래가 마르는 것은 신기한 일이에요. 축축한 옷감이 반나절의 햇살로 뽀송하게 변하는 것 말이에요. 아무것도 하지 않아도 말이죠. 그러나 과학적으로 분석하면 신기한 일이 아니겠죠. 옷감에 있는 물 입자가 태양 에너지로 인해 공기 속으로 날아가는 것이니까요. 다만 우리 눈에 보이지 않아서 신기할 뿐이에요.

설사 과학적으로 분석을 해도 '왜'라는 질문을 던지면 답이 없어요. 왜 태양이 생겼냐고 물으면 답하지 못해요. 햇살이도 그래요. 분석의 대상이 아니에요. 감탄과 감사와 감격의 대상이죠. 지금처럼 신기함을 느끼고 감사할 따름이죠. 진짜 무서운 일은 사랑하는 사람이 아픈 게 아니라 우리의 감사가 사라지는 것인지도 몰라요. 햇볕이 없는 곳은 어두운 곳이 아니라 생명이 없는 곳이 되는 것처럼 감사가 없는 인생에는 생명력이 사라지기 때문이에요.

햇살이가 많이 보고 싶네요. 햇살이가 가득 안고 태어날 생명력이 기다려지네요. 이번 글은 밤토끼의 글과 똑같이 끝내야겠어요.

햇살아 사랑해!

아기를 지켜주세요

밤토끼

아기를 낳고 낮토끼, 밤토끼 이야기가 파노라마처럼 지나가요. 내면의 바닥 끝을 긁어내서 쓰는 일이 힘들었지만, 그것을 통해 극적으로 이겨내는 밤토끼의 결말은 결국 없었네요. 산후조리원에서 아기 없이 자는 밤에 불을 끄면 어둠이 꼭 깊은 바다가 되어 내 몸을 감싸 끌고 저 깊은 물 속으로 끌고 들어가는 느낌이에요. 쌔근쌔근 잠든 아기를 보면 너무 예뻐 눈물이 나고, 아픈 모습을 보면 미안해서 눈물이 나요. 아기의 인형 같은 눈동자에 비친 나는 눈물 짓고 있어요. 울면 안 되는데, 너를 보고 울면 안 되는데, 눈치 없이 아기 앞에서 울고 말아요. 아기는 그런 나를 멀뚱히 쳐다보며 다시 잠이 들어요.

'엄마, 힘든 나 좀 봐주세요'
'엄마, 어디 있어요. 나 좀 위로해줘요'

자는 아기를 보면서 그동안 마음속 깊은 곳에 숨겨둔 엄마를 찾아서 외치고 또 외쳐요. 엄마가 돌아가신 지 16년. 엄마에게 바라는 것 없이, 엄마가 그곳에서 아프지 않고 지내기만을 바랐는데 이번에 처음으로 엄마한테 말해요.

엄마…
제발 아기를 지켜주세요.
아기가 숨을 잘 쉴 수 있게 지켜주세요.
아기가 분유를 잘 넘길 수 있게 지켜주세요.
아기가 아프지 않게 지켜주세요.
나 두려워요.
제발 아기를 지켜주세요.
아기는 스스로 자기 몫을 하는데
나는 아기보다 약해서 매일 눈물을 흘려요.
나도 지켜주세요.
엄마…

낮토끼

우리가 바라는 극적인 결말은 왜 항상 비껴갈까요? 마블 영화는 시간 보내기로 딱이에요. 볼거리도 많지만, 무엇보다 결말이 해피엔딩으로 정해져 있거든요. 군대가 힘들어도 제대라는 해피엔딩이 있어서 그래도 버텨요. 그런데 삶은 그렇지 않네요. 군대처럼 끝도 없고 마블처럼 행복한 결말이 기다리지도 않네요.

저도 가끔 지난 글을 읽으며 먼 옛날처럼 느껴질 때가 있어요. 밤토끼와 내가 쓴 글인데도 소설을 읽는 것처럼 제삼자가 되어 읽고 느낄 때가 있어요. 몇 번을 다시 읽었던 글인데도 여전히 가슴이 먹먹하고 한숨이 나고 때로는 웃음 짓곤 그래요. 아마도 밤토끼와 저의 날것의 생각과 감정이 담겨 있어서 일 거예요. 이 날것의 생각과 감정이 소중하네요. 고맙고요.

극적인 결말은 미래의 일이고 우리가 경험할 수 있는 건 언제나 지금의 생각과 감정뿐이에요. 미래가 시간이 지나면 지금이 될 것 같지만 미래는 미래일 뿐이에요. 밤토끼와 제가 나눈 날것들은 그래서 과거이자, 지금이자, 미래예요. 이미 지난 시간이니 과거인데, 그것을 읽다 보면 감정이 움직이니 현재이고, 다음에 또 펼쳐볼 터이니 미래가 되지요.

오랜만에 '엄마' 두 글자가 간절하게 쓰였네요. 물론 마음속에서 잊은 적은 없었지만, 선명한 두 글자로는 오랜만이에요. 컴퓨터가 아니라 펜으로 썼다면 더욱 깊게 흔들리게 쓰였을 거예요. 그런데 오늘 '엄마' 두 글자에서 제가 느낀 감정은 생명력이었어요. 절실한 매우 절실한 생명력이요. 아주 옛날 우리들의 어머니들이 달 아래 물 한 사발 떠 놓고 온 맘으로 바라던 그 모습이 생각났어요. 병원도, 약도 없던 시절에 자녀의 아픔을 보면서도 할 수 있는 게 아무것도 없는 어머니의 절실함이요.

엄마를 부르는 소리가, 엄마의 엄마를 부르는 소리로 들리네요. 엄마의 엄마의 엄마를 찾으면 생명의 근원에 닿겠지요. 어떤 사람은 원자, 자연, 우주, 신이라고 부르는 생명의 근원이요. 밤토끼의 간절함이 분명 엄마에게, 엄마의 엄마에게, 생명의 근원에 닿았을 거예요. 저에게 전해진 것처럼 말이에요. 전해졌으니 다시 밤토끼에게 화답할 거예요. 물론 우리가 바라는 시간과 방법은 아닐 수 있겠지만, 분명 생명의 소리로 전달될 거예요. 생명은 생명이 지킨답니다. 그렇지 않았다면 시작도 하지 않았을 거예요.

+ 덧붙임
밤토끼의 글을 보면서 극적인 결말이 매우 평범한 것을 배웠네요. 아기가 숨을 잘 쉬는 것, 아기가 분유를 잘 먹는 것, 누군가는 당연하게 누리는 것이 극적인 결말이 되기도 하네요. 주말 카페에 앉아서 밤토끼의 글을 읽는 지금처럼요. 일상의 소중함을 알려준 밤토끼 고마워요.

낮토끼의 기도

아내와 새벽 기도를 해요. 특별한 이유가 있었던 것은 아니에요. 간절한 바람이 있거나 큰일을 앞두고 있는 것도 아닌데 새벽의 조용한 시간을 찾게 되었어요. 새벽에 마음을 모으면 그 자체로 풍족하답니다. 더욱이 다른 사람을 마음으로 떠올리면 갑절로 풍족해지고요. 이제 햇살이가 그 사람 중의 한 사람이 되었답니다. 오늘 새벽도 햇살이를 떠올렸어요. 아내도 그랬을 테고요. 교회로 향하는 차 속에서 아내가 먼저 그러더라고요. 햇살이를 제일 먼저 기도하겠다고요.

햇살이를 위해서 기도하는 데 신은 우리의 마음과 다르다는 것을 알게 되었어요. 우리는 햇살이를 위해 기도하는 데 신께서는 반대로 햇살이가 우리를 위해 기도하게 하셨어요. 우리가 햇살이를 위해서 무엇인가를 한다고 생각하지만, 아니었어요. 햇살이는 이미 완전하답니다. 태명 '햇살이'는 수많은 단어 중에 우연히 생각난 게 아니에요. 햇살이는 햇살처럼 생명의 근원이 된답니다.

물론 지금은 분유 먹기도 쉽지 않은 미약한 모습만 보여서 그렇게 생각하지 못하지만요. 그러나 가장 귀한 것은 눈에 보이지 않고, 생명은 눈에 보이지 않게 빛을 발하거든요. 햇살이는 우리에게 지금 깊은 사랑을 가르쳐 주고 있어요. 사랑은 존재 그 자체이고 생명임을 말해주고 있어요. 오늘 새벽은 그렇게 햇살이와 대화하는 시간이 되었어요. 밤토끼가 보내준 지난 저녁의 햇살이 사진이 더 깊은 대화의 길을 열어줬네요.

분유를 먹이다 눈물이 날 수 있어요. 새근새근 숨 쉬는 소리에 가슴이 먹먹할 수도 있어요. 그럴 때 울음 참지 말아요. 마음 굳게 먹지도 말고요. 다만 지금을 햇살이와 누리세요. 누리라는 것은 좋은 시간만을 뜻하지는 않아요. 희로애락의 감정으로 지금을 함께 하는 거예요. 가장 소중한 사람과 같이 있는 거죠. 그리고 들어보세요. 우리를 위한 햇살이의 기도를요.

햇살을 수호하는 밤토끼

밤토끼

아기와 집으로 돌아와 몇 날 며칠을 걱정과 불안으로 보냈다. 그렇게 먹는 걸 좋아하는 나는 식욕을 잃어버렸다. 배도 고프지 않았다. 계속 설사를 하다가 먹은 게 없으니 배만 아팠다. 산후도우미도 이렇게 안 먹는 산모는 처음 봤다고 한다. 계속 먹을 것을 내게 주지만 난 먹지 않았다. 산후도우미는 혀를 찼다. 자연스레 젖도 말라갔다. 어차피 아기가 힘껏 빨 수 없으니 존재 이유가 없다. 분유를 먹고 역류해 엉엉 우는 아기를 안고 밤을 지새웠다. 너무 무서웠다. 나도 이렇게 무서운데 아기는 얼마나 무서웠을까. 난 아기가 어떻게 되는 줄 알고 숨 쉬는 것만 지켜볼 수밖에 없었다. 그러다 문득 엄마의 얼굴을 덮고 있던 병원의 흰 이불이 생각나 눈물이 뚝뚝 떨어졌다. 아기가 죽으면 어떡하지? 불안으로 몇 날 며칠을 보냈다.

어느 날, 부쩍 자란 아기는 나를 뚫어져라 응시한다. 나도 아기를 바라봤다. 아기의 눈빛은 나만을 사랑한다고 말하는 것처럼 느껴졌다. 나는 평소 사람들이 나에 대해 칭찬해줄 때 그렇게 좋지도 싫지도 않았다. 그냥 듣기 좋으라고 하는 소리 같았다. 그런데 말로 전하지 않고 눈빛만으로도 내가 사랑받는다고 충분히 느끼게 해주는 사람이 있다니.

깊고 깊은 검은 눈동자에 빠져 헤어나올 수 없게 되었다. 한동안은 그 속에 빠져 현실을 잊고 싶다. 엄마가 보고 싶다는 갈망, 아기가 아프다는 사실, 실체 없는 불안에 흔들리는 나, 물에 한껏 젖은 스펀지 같은 현실을 잊고 아기의 사랑한다는 눈빛에 빠져 살고 싶다.

낮토끼

한 장도 되지 않은 낮토끼의 글을 숨을 죽이고 읽었어요. 몰입해서 읽은 단편소설처럼요. 짧은 글 속에 희로애락이 다 들어 있네요. 탄생과 성장과 죽음과 인생과 우주가 들어 있어요. 그래서 숨죽이게 되었나 보네요.

그런데 그 모든 것이 한 점으로 모이네요. 우주의 시작이 되었다는 빅뱅의 한 점처럼요. 햇살이의 눈이에요. 글을 읽으면서도, 글을 읽고 나서도 햇살이의 눈동자만 강렬히 남네요. 글 서두의 아픔도, 글 말미의 바람도 사라지게 만드는 햇살이의 눈동자네요.

햇살이의 눈동자에 글을 덧붙이는 게 보잘것없이 느껴지네요. 한마디만 덧붙일게요. 햇살이의 눈동자에 집중하세요. 어떤 때는 한 점만 보고 묵묵히 걸어야 할 때가 있어요. 지금 밤토끼에게는 햇살이의 눈동자가 모든 것이에요. 위에서 말한 탄생, 성장, 죽음, 생로병사의 모든 것이 햇살이 눈동자에 있어요.

저도 글을 쓰면서 벅찬 감정을 느껴요. 자판을 치는 게 아니라 손가락으로 감정이 전달되네요. 눈물이 손을 타고서 흘러가 글이 되는 것만 같아요. 이건 슬픔도 기쁨도 어떤 감정도 아니랍니다. 생명, 가장 귀하고 위대한 것이 주는 경외감이에요. 빨리 햇살이를 보고 싶네요. 아기 예수를 찾은 동방박사처럼 햇살이를 위한 황금과 몰약과 유약을 들고서요.

운명의 카드

밤토끼

독일의 철학자 아르투르 쇼펜하우어는 '운명이 카드를 섞어, 우리는 그것을 가지고 게임을 한다'라고 말해요. 아마 내가 가진 패는 그렇게 좋지 않을지도 모른다고 해요. 하지만 의심할 여지 없이, 다음 게임에서는 내가 승자가 될 수 있다네요. 내가 현재 가진 패가 좋진 않아도 운명의 카드 중 내게 행운이 있다고 생각해요.

사랑의 마음으로 나를 키워준 부모님을 만난 것. 태평양 같은 넓은 마음으로 나를 지켜주는 동생을 만난 것. 나와 진심을 나눌 수 있는 사람들을 만난 것. 그리고 온 마음을 다해 사랑할 아기를 만난 것. 내가 온전히 누릴 수 있는 나에게 주어진 행운이네요. 좋지 않은 패를 잡고 힘들어하기보다는 내게 가진 행운의 패를 믿고 잘 될 수 있다 믿을래요.

새벽 4시, 잠든 햇살이를 안고 빤히 바라보며 느낀 생각이에요. 천사 같은 햇살이를 원 없이 안고 살을 부비며 행복을 느끼니 글이 이렇게 써지네요. 밤토끼가 쓰는 글은 나빴다가, 인정했다가, 절망했다가, 포기했다가를 반복해서 가끔은 이래도 되나 싶지만 결국엔 '좋았다'로 끝맺으면 좋겠어요. 인생은 드라마 같으니 조급해하지 않고 잘 준비해서 내가 가진 행운을 잘 다듬어가고 싶어요. 다음번 글이 어떨지 모르겠지만, 지금은 긍정적이고 싶네요.

낮토끼

쇼펜하우어의 말처럼 운명의 카드가 있다면 결국 평균으로 수렴하겠죠. 물론 카드를 한 번만 뽑는다면 극단적인 결과가 나와도 그것으로 끝이겠지만요. 어차피 한 번이니 좋아도 싫어도 다시 기회가 없으니까요. 그러나 열 번을 뽑을 수 있다면, 아니 천 번, 십만 번을 뽑을 수 있다면 결과는 결국 비슷해질 거예요. 수학적으로는 일 번을 십만 번 연속해서 뽑을 수도 있지만 현실에서는 불가능한 일이죠. 로또가 당첨되는 사람은 있어도 연속 열 번 당첨되는 사람은 없는 것처럼요.

행운이 있다고 억지로 생각할 필요는 없어요. 우리는 좋은 것을 행운, 나쁜 것을 불운이라고 말하지만 길게 보면 모두 '운'이에요. 정해진 거죠. 그럼, 뭐가 정해졌나? 태어나고 죽는 게 정해졌어요. 물론 그 시간을 모를 뿐이죠. 행운과 불운은 태어나고 죽는 것 사이의 모든 것이에요. 흐린 날도 하늘이고, 맑은 날도 하늘인 것처럼요. 다만 우리는 맑은 날을 좋아할 뿐이죠.

밤토끼 말처럼 다음 패는 몰라요. 사실 패가 없는 것인지도 모르죠. 끊어지지 않는 시간을 우리가 2022년 6월17일 9시 19분 52초라고 부르는 것처럼 말이에요. 우리가 이해할 수 있는 단어로 시간을 말하는 것처럼 '행복하다. 불행하다. 기쁘다. 슬프다'로 지금을 해석할 뿐이랍니다. 그러니 다음 패까지 생각하지 말고 지금에 충실해요. 더 열심히 햇살이를 쳐다보고 살을 부비세요. 푸념하고 기뻐하고 아끼고 먹고 자고 입고 빨래하고….

미래의 햇살이에게

밤토끼

햇살이가 중학교 2학년이 되면 보여주고 싶은 글

나의 엄마와 아빠가 나를 사랑해주고 행복하게 만들어줘서 나도 아기를 키우는 게 아니라 사랑하고 싶어서 행복하게 해주고 싶어서 낳고 싶었다. 나를 온전히 사랑해주는 사람들 안에서 살을 부비며 예쁜 말을 나누고 잠들고 깨고 안아주고 이해해주고 사랑하고 행복을 알려주고 싶었다.

그런 상상을 하며 햇살이를 가졌다. 행복하게 해주려 낳았는데 아프게 태어나게 했고 나중에 자신의 흉터를 보며 마음 상하고 원망할 햇살이에게 미안해졌다. 나는 너를 행복하게 해주고 싶은데 처음부터 삐걱거리는 것 같아 슬펐다.

그래서 더 많이 안아주고 보듬었다. 아기를 낳는 고통보다 햇살이가 수술로 아파 우는 걸 지켜보는 게 더 힘들었다. 문득 내 웃음과 장난스런 모습에 '꺄르륵' 웃어대는 널 보며, 중학생이 되면 몇 배는 노력해야 널 웃게 할 수 있겠다고 생각했다.

너를 재우기 위해 등을 토닥토닥 두드렸지만, 이제 너의 닫힌 방문을 두드려야겠지? 친구가 더 좋을 나이. 핸드폰과 게임이 더 좋을 나이. 갑자기 짜증이 많아질 나이. 외모에 콤플렉스가 많을 나이. 바라만 봐도 아까운 나의 아들 햇살이. 깊게 패인 상처에 사랑을 묻혀 보이지 않게 하고 싶다.

사랑을 가득 묻혀서 어느 누가 뭐라 해도 자신감 있게 살아가는 햇살이가 됐으면 좋겠다. 어둠 속에 숨지 말고 행복한 햇살이가 됐으면 좋겠다. 하루를 널 위해 온전히 쓰고 있는데 전혀 아깝지 않다. 이런 내 마음 몰라 주지 말고 꼭 알아서 건강하고 행복하게 지내길 바란다.

낮토끼

미래가 없다고 말하는 사람이 있어요. 현재의 연속이지 미래는 손으로 잡지 못하는 시간이라고요. 심지어 양자역학은 시간이란 아예 존재하지 않는다고 이해하지 못할 이론을 펼치죠. 하지만 그게 증명되는 사실이니 더욱 골치가 아픕니다. 굳이 과학의 힘을 빌리지 않아도 우리는 경험적으로 알고 있어요. 미래는 없다는 것을요. 정확히 표현하면 미래에 대한 소망이 있을 뿐이겠죠.

그런데 밤토끼의 미래는 실재하네요. 인터스텔라도 아닌데 밤토끼는 분명히 미래를 손에 쥐었어요. 그건 사랑의 힘이네요. 과학으로 분석하지 못하는 세계죠. 사랑. 햇살이를 사랑하는 마음이 햇살이가 중학생이 되는 13년 후를 실재하게 만들었어요. 미래를 실재하게 한 사랑의 힘은, 미래를 또한 그렇게 만들 거예요.

'깊게 패인 상처에 사랑을 묻혀 보이지 않게 하고 싶다'

영화가 끝나고 유독 어느 한 장면이 잔상으로 남는 것처럼 밤토끼의 글을 읽고 나서도 이 구절이 머리에 맴돌아요. 펜이 칼보다 강하다고 하죠. 물리적인 힘이 아닌 정신의 힘을, 정신이 만들어내는 세계를 강조하는 말이에요. 밤토끼의 글이 그래요. 시의 한 구절 같은 아름다운 문장 같은데 말에 힘이 있어요. 내가 너를 위해 목숨 바쳐 싸우겠다고 노골적으로 표현하지 않는데도 담담한 한 문장에 그것을 능가하는 결의와 힘이 느껴져요. 진심의 힘, 사랑입니다.

그 사랑의 힘이 햇살이를, 햇살이의 오늘과 내일을 행복하게 할 거예요. 하루를 온전히 쓰고 있는데도 전혀 아깝지 않은 밤토끼의 사랑이 그렇게 할 거예요. 진실은 배신하지 않아요. 물론 단기간으로 보면 악한 사람이 잘 되고 선한 사람이 안타까운 일을 당하는 모습을 보게 되지만, 긴 시간으로 보면 결국 악은 악으로 선은 선으로 열매를 맺게 된답니다.

지금처럼 하루가 아깝지 않도록 보는 것만으로, 세상을 다 가진 것처럼 햇살이를 사랑하세요. 제가 사랑하라는 말을 하지 않아도 그렇게 하겠죠. 성경에 사랑에 두려움이 없다는 말이 있어요. 사랑이 허다한 죄를 덮는다고도 하고요. 그래서 신이 사람으로 와서 죽음으로 모든 것을 감당해낸 것이 십자가이고요. 그런 신의 사랑에 가장 가까운 사랑이 엄마의 사랑이에요. 지금 햇살이를 바라보는 밤토끼의 따스한 눈, 기저귀를 갈고 이유식을 먹이는 분주한 손과 발이 사랑이에요. 그 사랑이 깊게 패인 상처를 덮고 모든 허물을 덮고 아픔과 상처와 슬픔을 덮고 시간마저 덮어서 지금을 영원한 곳으로 만듭니다. 밤토끼의 사랑.

밤토끼

주책없이 제가 쓴 글에 눈물이 뚝 하고 떨어지고
낮토끼의 글에 위로받습니다.

지금 이곳에서

epilogue

밤토끼

밭을 갈기 전부터 돌부리에 걸려 넘어졌어요. '아니 내가 뭘 그렇게 잘못했다고 이래?' 흙을 움켜쥐고 던져버려요. 흙에 바지가 젖어 들어 차갑다 느낄 때 벌떡 일어나 정신을 차리고 밭에 깔린 돌을 하나하나 치워요. '언제 다 치우지?' 뒤를 돌아보면 깨끗해진 밭이 보여요. 그럼 그걸 보고 다시 마음을 다잡고 돌을 치워요.

어느새 옷은 더러워지고 힘이 들어 허리를 펴고 하늘을 봐요. '그래 이럼 안되지' 마음을 고쳐먹고 다시 돌을 치워요. 어느 순간 밭이 깨끗해져서 씨앗을 뿌리고 물을 주니 싹이 나고 자라요. '아 이제 됐구나' 그 순간 비바람에 불어서 어린싹들이 연약하게 쓰러져요.

그러나 싹을 포기할 수는 없어요. 다시 밭을 갈고 씨앗을 뿌리고 건강하게 자라길 소망해요. 마음이 많이 흔들리고 지치고 포기하고 싶지만, 다시 한번 힘을 다해요. 다시 밭을 갈고 씨앗을 뿌리고 건강하게 자라있을 새싹을 기다리면서요.

얼마 전에 아기가 열이나 밤새 보살피다 잠깐 잠이 들었어요. 그때 꿈에 엄마가 나왔는데 하얀색 원피스를 입고 웃으며 다가왔어요. 아기를 한참 동안 꼭 안아주다가 내려놓고 떠났어요. 잠에서 깨어 아기의 손을 잡으며 꿈을 곱씹었어요. '외할머니가 찾아왔었네. 너도 할머니랑 이야기 잘했니? 너 아프지 말라고 안아주셨나 보네. 잘자 아가야'라고 말해주고 다시 잠이 들었어요. 엄마가 있었으면 좋겠다고 매 순간 생각하지만, 그 꿈을 마지막으로 더 이상 울지 않겠다고 다짐했어요. 엄마는 늘 내 곁에 있고 아기를 사랑하고 있단 걸 알게 됐으니까요. 현실에 지칠 때마다 꿈을 생각할 거예요. 내게는 가장 행복한 시간이었으니까요. 엄마! 자주 꿈에 찾아와 주세요. 사랑해요. 행복하게 지내세요.

낮토끼

운전하면서 노래를 듣다가 밤토끼가 생각났어요. 생각에 그치지 않고 마음이 갔어요. 마음은 눈물이 되었고요. 마커스가 부르는 '부르신 곳에서'라는 노래예요.

'부르신 곳에서 나는 예배하네. 어떤 상황에도 나는 예배하네'

오늘은 '예배하네'가 '살아가네'로 들렸어요. 예배한다는 것은 종교 행위에 그치지 않아요. 살아 있는 모든 것들은 생존하므로 예배해요. 참새는 왜 사는지 고민하지 않아요. 세상을 이롭게 하려고 노력하지도 않고요. 다만 생존하려고, 다음 세대를 이어가려고 부지런히 살아가요. 그렇게 살아가는 게 예배네요. 참새처럼 풀과 꽃과 나무가 예배해요.

나무를 생각하면 신께서 부르신 곳, 환경이 저마다 달라요. 영양 가득하고 아름다운 숲으로 부른 나무가 있는 반면에 하루 종일 매연 가득하고 밤에도 불빛으로 잠들지 못하는 도심 한복판으로 부른 나무가 있어요. 그러나 나무는 그 부르신 곳에서 살아내요. 어떤 상황에도요.

엄마가 떠난 후에 아름다운 숲이 메마른 황무지가 되었지요. 힘겹게 버텨낸, 사실 버틴다는 것도 모르고 견뎌낸 시간이었지요. 그런데 밤토끼는 살아냈어요. 그 사실이 중요해요. 얼마나 많이 자랐는지, 얼마나 많은 꽃을 피우고 열매를 맺었는지보다 살아냈다는 사실이, 지금도 살아있다는 사실 말이에요. 그게 신께 드리는 예배이자, 신이 찾으시는 예배예요.

부르신 곳에서 나는 살아가네
어떤 상황에도 나는 살아가네
내가 걸어갈 때 길이 되고
내가 살아갈 때 삶이 되는
그곳에서 나는 살아가네
부르신 곳에서 나는 살아가네
어떤 상황에도 나는 살아가네

산다는 게 무엇인지, 사는 것의 소중함을 알려줘서 고마워요. 돌아보니 지난 2년 동안 밤토끼에게 작은 것을 주고 두고두고 간직할 귀한 것을 받았네요. 이제 이것으로 우리의 글은 끝나지만 우리들의 일상은 계속 되겠죠. 우리 각자의 부르신 곳에서 지금을 살아내요.

그냥, 오늘을 살 거야

초판 1쇄 인쇄 2023년 05월 12일
초판 1쇄 발행 2023년 05월 26일

지은이 밤토끼, 낮토끼(노수현)
펴낸이 노수현
편 집 박원영
디자인 정나영 (@warmbooks_)
일러스트 정나영

펴낸곳 마음대로
등 록 제2018-000139호
주 소 서울시 중구 세종대로 19길 16 성공회빌딩 별관 302호
이메일 nsoo102@naver.com
홈페이지 www.maeumbook.imweb.me

가 격 17,000원
ISBN 979-11-964729-8-6 (03810)